Frag Gabi

© Severin Schweiger

Gabriele Ring lebt in München und arbeitet dort als freie Journalistin und Familientherapeutin. Die Fragen und Sorgen junger Menschen stehen im Mittelpunkt ihrer Arbeit und ihres Interesses, seit vielen Jahren betreut sie die Rubrik »Frag Gabi« der Zeitschrift MÄDCHEN. Ihre speziellen Themen sind Sexualaufklärung und alle Fragen rund um die Pubertät.

Sie hat mehrere Aufklärungsbücher verfasst, die in diverse Sprachen übersetzt wurden. Gabriele Ring ist verheiratet, hat zwei erwachsene Kinder und einen therapieresistenten Mischlingshund namens Joschka.

Frag Gabi

Antworten auf deine persönlichsten Fragen

CARLSEN

Inhalt

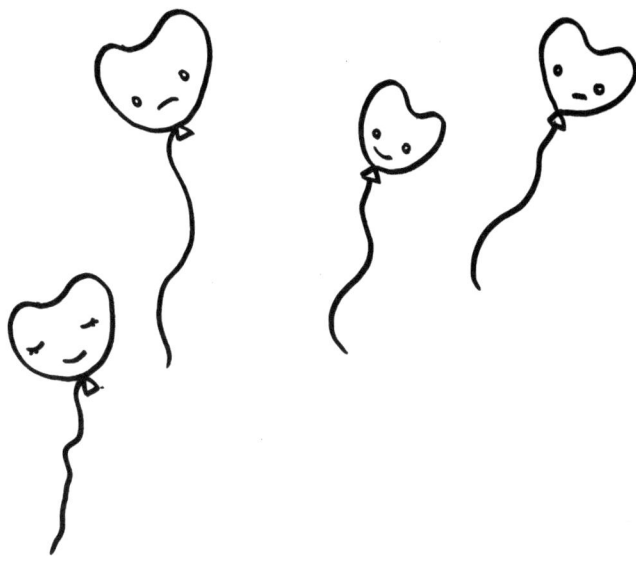

Liebe Leserin,

ob der süße Junge aus der Parallelklasse, in den Du heimlich
verliebt bist, Dich wohl auch mag? Ob Dein Busen noch größer
wird, denn der Deiner Freundin ist bereits doppelt so groß?
Ob man von Petting schwanger werden kann? Ob das erste Mal
wirklich so wehtut, wie Deine Freundin erzählt hat? Ob Jungs
wirklich gleich Oralsex wollen? Ob Solosex normal ist?

Persönliche Fragen wie diese und vieles mehr zu den Themen
Liebe, Sex, Jungs und zu Deinem eigenen Körper bewegen
Dich und viele andere Mädchen auch. Ich weiß das, denn ich
beantworte seit über 20 Jahren Problembriefe und E-Mails von
MÄDCHEN-Leserinnen. Deshalb gibt's jetzt dieses Buch, in
dem alle Fragen, die Mädchen so auf der Seele brennen, beantwortet werden. »Aber ich hab doch meine eigenen Ängste,
meine eigenen Probleme«, wirst Du als Leserin vielleicht jetzt
denken. »Ich bin doch anders als die anderen.« Ja, natürlich
bist Du das. Du bist einzigartig – und trotzdem kannst Du
von anderen lernen. Es gibt kein Richtig und kein Falsch, mit
Problemen umzugehen. Und es gibt nicht nur die eine Antwort,
es gibt viele Lösungswege. Deshalb ist jede Frage wertvoll und
jede Antwort soll zum Nachdenken anregen, einmal andere
Denkpfade als die gewohnten zu gehen.

In diesem Sinne wünscht Dir viel Spaß beim Lesen

Deine Gabi

GROSSE GEFÜHLE

Verliebt sein

Große Gefühle – viele Fragen.

Eines Morgens wachst du auf und die Welt hat sich verändert: Der nervige Pickeljunge, der dich gestern mit doofen Sprüchen noch zum Ausrasten gebracht hat, besteht plötzlich nur noch aus strahlend braunen Augen, die dein Herz zum Flimmern bringen und dich an nichts anderes mehr denken lassen. Deine Freundinnen tippen sich an die Stirn, sie toben lieber noch beim Basketballspielen, finden Jungs eher ätzend, weil sie einen doch sowieso bloß ärgern, und deine Eltern meinen seufzend, dass du zum Verlieben viel zu jung bist. Und du? Fühlst dich allein und unverstanden, willst entdecken, wie Jungs so ticken, willst wissen, wie du sein Herz zum Klopfen bringst, wie du seine Aufmerksamkeit gewinnen kannst. Keine Ahnung, wie sich herausfinden lässt, ob er vielleicht auch ein wenig in dich verknallt ist? Alles hoffnungslos, denkst du?

Lies auf den folgenden Seiten, wie sich andere Mädchen in derselben Situation fühlen, dann wirst du erkennen, dass sie ebenso empfinden wie du.

Hoffnungslos verliebt!

Schon seit zwei Jahren bin ich in den gleichen Boy verliebt. Ich hab ihn in der Mathenachhilfe kennengelernt, aber seit über einem Jahr hab ich ihn nicht mehr gesehen. Ich weiß gar nicht, wo er wohnt, hab auch keine Handynummer. Ich bekomme ihn nicht mehr aus dem Kopf. Meine Freundinnen sagen, ich soll ihn endlich vergessen! Aber das ist nicht so leicht! Hilf mir!

BIANCA, 12

Liebe Bianca,
wow – Du bist erstaunlich beharrlich! Willst Du Deinen Traumboy überhaupt vergessen? Ich habe das Gefühl, Du willst das gar nicht! Und es ist okay. Du lebst doch ganz toll mit dem schönen Gefühl, verliebt zu sein! In Deinem Kopf gibt's bestimmt lebendige und aufregende Bilder, wie schön es sein könnte, einen so süßen Freund zu haben! Also bewege Deinen Traumprinzen in Deinem Kopf, in Deinem Herzen. Und freu Dich, dass Du so etwas Wunderschönes in der Fantasie erleben darfst. Hör aber bitte auf, Deine Freundinnen zu nerven. Mit Deinem Gejammer gehst Du ihnen nämlich auf den Keks. Sag ihnen freundlich: »In meinen Träumen bin ich mit ihm zusammen, und das ist super und reicht mir vorerst!«

Zu wählerisch in Sachen Jungs?

Meine Freundinnen meinen, ich sei zu wählerisch, wenn es um Jungs geht! Sie sagen, ich ginge ausschließlich nach dem Aussehen meiner Lieblingsstars. Diese Stars gehören aber nun mal zu der Sorte Mann, auf die ich stehe: schlank, groß, älter als ich, blond, dunkle Augen. Warum soll das wählerisch sein?

ANJA, 15

Liebe Anja,
Du machst Dir ein Bild von Deinem Traummann, und Vorbild ist das Aussehen von Stars. Das ist total okay. Und wenn Du mal einen süßen Boy kennenlernst, der in dieses Raster passt, wirst Du überprüfen, ob auch seine Eigenschaften, seine Stärken und Schwächen Deinen Vorstellungen entsprechen. Dass Deine Freundinnen die Sache ganz anders sehen, macht das Ganze mega spannend. Denn so könnt Ihr rund um die Uhr über Euer Lieblingsthema »Jungs« diskutieren. Ich würde die Mädels noch mehr provozieren, noch wählerischer sein – das steigert den Unterhaltungswert enorm! Und macht Sinn. So sammelt Ihr Vorlieben und Abneigungen und könnt zumindest theoretisch Euer Liebesverhalten vervollkommnen, ohne dass es gefährlich wird. Denn noch ist das alles ja nicht Realität.

Verliebt in Bill von »Tokio Hotel«

Ich ritze mich öfter, weil ich so sehr in Bill von »Tokio Hotel« verliebt bin. Ich habe schon versucht mich in jemanden aus meinem Freundeskreis zu verlieben, aber ich liebe nur Bill! Ich weiß nicht mehr weiter! Wenn ich ihn nicht kennenlerne, will ich nicht mehr leben!

CORINNA, 14

Liebe Corinna,
Du ritzt Dich, hast tierischen Liebeskummer, willst nicht mehr leben. Wahnsinn, was Bill Dir doch für einen haushohen Thrill schenkt! Aber diesen Kick könntest Du Dir auf gesündere Weise holen als mit Ritzen und Selbstmordgedanken. Du kannst Dir die Musik von »Tokio Hotel« ohne Ende reinziehen. Du kannst bis zur Erschöpfung abtanzen und Dich austoben. Du kannst für Bill aus tiefstem Herzen schwärmen. Und gleichzeitig könntest Du auch im Alltag anwesend sein. Willst Du das Ritzen weiter perfektionieren, brauchst Du therapeutische Hilfe (zum Beispiel von pro familia). Je länger Du es tust, umso schlimmer wird es!

Ich bin ihm zu jung

Ich kenne da einen Jungen und wir haben echt viel Spaß zusammen. Er weiß, dass ich ihn liebe. Aber er ist fünf Jahre älter. Wir sind total offen und ich habe schon oft mit ihm darüber geredet. Aber er sagt, ich sei ihm zu jung! Ich bin so verliebt und wäre so glücklich, wenn ich mit ihm zusammenkäme.

LINA, 13

Liebe Lina,
soll ich Dir was verraten? Als ich so alt war wie Du, hatte ich einen heftigen Schwarm, der war sieben Jahre älter als ich! Nun bin ich schon lange erwachsen und erinnere mich noch immer an die süßen Sekunden, als er mir in die Augen geschaut hat. Ich weiß, dass Du mit dieser Antwort unzufrieden sein wirst, ich kann und will Dir aber keine andere geben. Unser Leben wird immer wieder dadurch schön, dass wir Sehnsüchte haben. Man kann von einem tollen Job träumen, einem Haus im Süden, oder man kann, so wie Du, sich vorstellen mit dem Traummann in einem Märchen zu leben. Mit ihm zusammenzukommen würde bedeuten, Dich von Deiner Liebesfantasie zu verabschieden. Und das wäre jammerschade.

Du kennst, wie Anja, Lina und Co. diese himmelstürmende, einseitige Liebe? Bestimmt. Denn alle Mädchen zwischen 12 und 14 Jahren waren laut MÄDCHEN-Statistik schon einmal verliebt. Einseitig, denn der Traumboy ahnt nichts von dieser Gefühlsgewalt. Traurig? Im Gegenteil: Schwärmen macht glücklich!

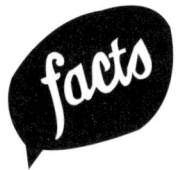

5 Facts, warum es so wichtig und so schön ist zu schwärmen!

1. Schwärmen, hingerissen sein, jemanden verehren, ihn anbeten, für ihn glühen, begeistert und berauscht sein, den Einen von Ferne bewundern – all diese tollen Gefühle darfst du zum ersten Mal erleben.
   Sie sind ein großes Geschenk, auch wenn diese Gefühle nur einseitig, also auf deiner Seite sind, weil dein »Traumobjekt« – egal ob das der Junge von nebenan, ein Lehrer oder ein Popstar ist – unerreichbar scheint.

2. Durch diese einseitige Liebe spürst du etwas Einzigartiges: Du erlebst dich als liebendes Wesen. Jemand hat dich wachgerüttelt! Du siehst die Welt ab jetzt mit anderen Augen.

3. Weil du noch keine Erfahrungen gemacht und bisher keine Enttäuschungen erlebt hast, kannst du in dieser Fantasieliebe schwelgen. Sie wird durch keinen grauen Alltag, durch keine ernüchternde Realität getrübt.

4. In deiner Fantasie führst allein du Regie, du drehst im Kopf deine eigene Lovestory. Vielleicht sogar bis zur Hochzeit und dem ersten Kind? Nur zu – für deine Träume gibt es keine Grenzen!

5. Eine Fantasieliebe übt für den Ernstfall! Du kannst viele kleine Situationen vorab in Gedanken erleben und bist so auf die Liebe in der Realität schon ein bisschen vorbereitet.

So schwärmen Mädchen und Jungen

LISA, 13 Mein Teddy »Bigbä«, den ich zu meinem
1. Geburtstag bekommen habe, weiß alles über meinen
Schwarm Linus. Nicht mal meiner besten Freundin würde ich
von meinen Gefühlen erzählen, weil ich Angst habe, sie erzählt
es dann in der Klasse herum.

JENNY, 12 Jedes Mal, wenn ich Tom im Bus sehe, werde ich
rot wie eine Tomate. Aber ich bin viel zu schüchtern, ihn auch
nur anzugucken. Aber abends, vorm Schlafengehen, stell ich
mir vor, wie er mich küsst.

ALBA, 14 Ich hab immer irgendeinen süßen Serienstar an
der Hand, in den ich gerade heiß verliebt bin. Wenn mich die
Jungs in der Clique oder aus meiner Klasse nerven, dann denke
ich an meinen Traumstar, der enttäuscht mich nie!

JAN, 13 Als Lilly neu in die Klasse kam, fand ich sie gleich
total cool. Ich denke oft an sie, beobachte sie heimlich im
Unterricht. Ich hoffe aber, dass meine Kumpels nichts merken,
die würden mich nämlich total verarschen.

GREG, 15 Ich bin schon über ein halbes Jahr total in Suse
verknallt, jeden Abend träume ich von ihr und nehme mir vor,
sie am nächsten Tag in der Pause mal anzugucken. Sie schaut
nämlich auch schon immer. Morgen bin ich mutig – vielleicht!

1. Lustig
2. Spontan
3. Sportlich
4. Großzügig
5. Sexy

So stellen sich Jungs ihr Traumgirl vor

Flirten

»Flirten« kommt aus dem Englischen, wo »to flirt«
so viel heißt wie schnipsen oder herumsausen, es
bedeutet aber auch schäkern und liebäugeln. Egal
ob du leicht oder heiß flirtest, bei diesem aufregenden
Spiel mit dem Feuer kann sich niemand verbrennen.
Denn im Flirt signalisieren Mädchen und Jungs ja
nur: »Du könntest mir gefallen!« Oberste Spielregel
dabei ist, dass jeder von beiden nur so weit geht,
dass man sich jederzeit unverbindlich zurückziehen
kann. Ein Flirt ist nichts weiter als eine unverfängliche
Anmache. Ein verführerischer Blick, ein freches
Lächeln oder auch eine sanfte Berührung wirken beim
Flirten eher wie zufällig und sind kein Versprechen
für mehr. Viele Mädchen behaupten, sie könnten
gar nicht richtig flirten. Flirten ist keine Frage von
Können. Jedes Mädchen kann Weltmeisterin im
Flirten werden. Flirten ist ganz leicht, wenn du zu
einer positiven Kontaktaufnahme bereit bist. Das
hat nichts mit Selbstbewusstsein zu tun. Bestimmt
hast du es schon oft erlebt: Du fühlst dich gut und
es gelingt dir über ein Lächeln Kontakt zu jemandem
herzustellen. Und wenn du schlecht drauf bist, läuft
gar nichts. So ist das mit dem Flirten: Mal läuft es,
mal läuft es nicht.

Zum Flirten fühle ich mich zu hässlich

Jedes Mal, wenn Dich Leserinnen bei der Frage
»Wie bekomme ich einen Freund?« um Rat bitten,
antwortest Du ihnen, sie sollen alles tun, was ihnen
Spaß bringt, flirten und Jungs anmachen. Doch genau
da liegt mein Problem: Wie soll ich das anstellen?
Immer wenn ich einen Boy sehe, der mir gefällt, fühle
ich mich zum Flirten viel zu hässlich.

LEA, 15

Liebe Lea,
ich bin erstaunt darüber, was Du aus meinen Antworten
herausgelesen hast: Handlungsanweisungen. Doch genau die
will ich nicht geben, weil ich weiß, wie verdammt schwer es ist,
seinen Traumboy einfach anzuflirten und anzumachen. Und
außerdem geht's um etwas ganz anderes: ums Verlieben nämlich.
Wenn Du Dir Dein hübsches Köpfchen zermarterst, was Du
Deinem Traumboy sagen könntest, spürst Du Dein Herz nicht.
Wenn Du Dich aber von all diesen Vorstellungen frei machst,
ihm vielleicht einen Blick schenkst, ein Lächeln, wenn Du von
ihm träumst, dann passiert etwas Tolles: Glückshormone werden
ausgeschüttet, Du spürst Verliebtheit, vielleicht sogar Liebe.
Und im Rausch der Hormone wirst Du Deinen Traumboy so locken
oder verlocken, dass ein Kontakt zwischen Euch zu Stande
kommen kann. Also noch einmal im Klartext: Tu alles, was Dir
Spaß bringt, um Deine Glückshormone zu spüren.

Mit mir flirtet kein Boy!

Alle in meiner Clique haben einen Freund und sind glücklich. Nur ich nicht! Ich hatte noch nie einen Freund, nicht mal geflirtet habe ich bisher mit einem Jungen! Ich fühle mich in letzter Zeit so einsam. Niemand versteht mich! Meine Freundinnen tun so, als wäre ich Luft für sie.

HANNA, 13

Liebe Hanna,
ich muss Deine Freundinnen in Schutz nehmen! Auch wenn sie wenig einfühlsam sind, so reagieren sie total menschlich. Sie halten Deine Klagen nicht mehr aus und zeigen Dir die kalte Schulter! Sei froh, dass sie Dich »Jammertüte« damit zum Platzen bringen! Konkret heißt das: Komm heraus aus Deinem Schneckenhaus. Zeig Deinen Freundinnen, was Du sonst noch so alles draufhast! Was macht Dich aus? Sicher kannst Du total liebenswert sein, lustig und kreativ! Deine Freundinnen werden dankbar für Deine Impulse sein. Sie brauchen Girl-Power. Schließlich wollen sie nicht rund um die Uhr mit ihren Freunden abhängen. Und wenn Du dann super drauf bist, wirst Du auch süße Jungs zum Flirten entdecken.

Wie soll ich mit einem 16-Jährigen flirten?

Ich bin 12, sehe aber eher wie eine 14- oder 15-Jährige aus und benehme mich auch so. Ich bin total in einen 16-jährigen Jungen verknallt, der mit dem gleichen Bus fährt. Ich weiß leider nicht, ob wir zusammen sein dürfen wegen des Altersunterschieds. Darf ich mit ihm zusammen sein? Wenn ja, wie soll ich ihn ansprechen?

LILLY, 12

Liebe Lilly,
entscheidend für erfolgreiche Kontaktaufnahme ist nicht das Alter! Entscheidend ist es, spontan seinen Gefühlen zu folgen! Eine 12-Jährige würde ihren Traumboy angrinsen. Ihre Schultasche »versehentlich« neben ihm fallen lassen und ihm dabei tief in die Augen gucken. Sie würde ihn zufällig anrempeln und eine Entschuldigung murmeln. Du aber bist verkrampft, weil Du unbedingt älter wirken möchtest. Das funktioniert nicht, denn Du bist 12! Auch mit 12 kannst Du mit Deiner Art das Herz eines 16-jährigen Boys erobern. Ob aus Euch ein Paar werden wird, steht in den Sternen! Dazu gehört mehr als nur Sympathie. Da muss die Chemie auf ganzer Linie stimmen. Das Alter mag mit ein Grund sein: Mit 16 hat man einfach bereits mehr Freiheiten als mit 12.

Na, bist du bereit für einen spannenden Flirt? Ja! Hier noch ein paar heiße Flirt-Tipps

♥ Ob du einen süßen Jungen anflirtest oder ob du einen intensiven Blick von einem Traumboy auffängst: Bereits die ersten zehn Sekunden entscheiden darüber, ob du ihn sympathisch findest.

♥ Setze die richtigen Flirtsignale: Lächle, halte den Blick drei Sekunden, schaue dann weg. Mach das mehrfach hintereinander.

♥ Beobachte, was passiert: Wenn's beim anderen tatsächlich funkt, verändert sich die Körpersprache. Seine Augenbrauen heben sich, die Augen werden größer, die Pupillen weiter, der Mund öffnet sich leicht, die Zunge leckt über die Lippen. Das bedeutet: Ich hab Appetit auf dich, bin an dir interessiert.

♥ Zurücklächeln, wenn dich dein Traumpartner anschaut.

♥ Komplimente sind das Größte! Die machen Boys und Girls gleichermaßen schwach. Sag einfach was Nettes. Erfolg versprechende Sprüche für einen Auftakt zum Flirten: »Du bist so gut drauf, deine gute Laune ist richtig ansteckend.« – »Ich bin ja eher schüchtern, aber dein Lächeln macht mir Mut!« – »In meinem Horoskop steht, dass heute mein Glückstag ist. Ich glaub an Horoskope ...«

Flirt-Facts

52 %
aller Mädchen zwischen
12 und 16 Jahren schauen
einem Jungen zuerst tief in die Augen.
Braune sind am beliebtesten!

48 %
aller Mädchen schauen gern einem Knackpo hinterher

39 %
aller Mädchen finden breite Schultern und ein sportliches Sixpack sexy

49 %
aller unter 18-jährigen Girls und Boys flirten am liebsten outdoor
Beste Orte für eine hohe Erfolgsquote:
1. Im Straßencafé
2. Beim Skaten
3. Im Schwimmbad
4. Auf dem Rummelplatz

77 %
aller Jungs stehen auf freche Girls, die sie beim ersten Flirt-Kontakt aus
der Reserve locken und zum Lachen bringen

Quelle aller im Buch angegebenen Prozentangaben und Studien:
MÄDCHEN-Sexstudie 2000, BZgA (Bundeszentrale für gesundheitliche Aufklärung

Das erste Date

Deine heißen Flirts waren erfolgreich? Glückwunsch! Aber vielleicht hast du auch ein paar Enttäuschungen einstecken müssen. Nun steht dein erstes Date bevor. Interessant: 89 % aller Jungs und 75 % aller Mädchen haben Angst vor diesem ersten Treffen. Aber keine Panik: So klappt es bestimmt!

♥ **TALK** Sammle vorher alle Infos über seine Hobbys, Lieblings-Sportarten, sein Sternzeichen. Dann geht euch der Gesprächsstoff garantiert nicht aus.

♥ **OUTFIT** Style dich nicht zu sehr, das kann übertrieben wirken. Zieh etwas an, worin du dich wohlfühlst.

♥ **BEGRÜSSUNG** Strahle! Ein Küsschen links und rechts mindert die Distanz.

♥ **TREFFPUNKT** Überall, wo was los ist. Und im Kino kann man auf Tuchfühlung gehen …

♥ **FUN** Wenn dir der Gesprächsstoff ausgeht, erzähl deinen Lieblingswitz, so kannst du gleich seinen Humor testen.

♥ **ABSCHIED** Abschiedsküsschen links und rechts mit dem Satz: »Ich ruf dich morgen mal an oder maile dir!«
Auf keinen Fall fragen: »Wann sehen wir uns wieder?«

DOs und DON'Ts beim ersten Date

DOs

♥ Aktiv sein
♥ Direkte Fragen stellen
♥ Nach Übereinstimmungen suchen
♥ Zufälliger Körperkontakt
♥ Selbstbewusst bleiben, auch wenn du abblitzt

DON'Ts

♥ Gefühle ausposaunen
♥ Eine Freundin zum Date mitbringen
♥ Rumknutschen beim ersten Treffen
♥ Voreilige Liebesschwüre abgeben

Das ist doof beim ersten Date

♥ Ständig am Handy hängen
♥ Nur von sich reden
♥ Vom Ex erzählen
♥ Schmutzige Fingernägel
♥ Zu spät kommen

Flirten im Netz

Zu schüchtern für einen heißen Flirt in der Realität?
In der virtuellen Welt kannst du üben, denn Worte
erzeugen Gefühle. Aber Vorsicht: So ein Internet-Flirt
ist nicht ganz ungefährlich.

Folgende Punkte sind zu beachten

DOs

- Unter einem Fantasienamen chatten. Keine persönlichen Angaben wie vollständigen Namen, Adresse, E-Mail-Adresse, Handy- oder Telefonnummer und Wohnort herausgeben.
- Den Chatroom verlassen, wenn du dich belästigt fühlst. Wenn andere dich blöd anmachen oder mit Dingen konfrontieren, die dir unangenehm sind, abschalten.
- Respekt anderen Usern gegenüber zeigen, sich niemandem aufdrängen. Beleidigungen ignorieren oder, wenn sie zu heftig sind, beim Administrator anzeigen.

DON'Ts

- Verbreite keine genauen Infos über Freunde, Familie und Mitschüler/Kollegen im Chat.
- Gib keine intimen Details preis. Alle Mitteilungen können von anderen Usern mitgelesen werden.
- Sei nicht blauäugig. Nicht alles, was im Chat so erzählt wird, muss wahr sein!
- Geh nicht allein zu einem realen Treffen. Sicherer ist es, eine Begleitperson mitzunehmen und sich an einem öffentlichen Ort zu treffen! Denk immer daran, dass du nie genau wissen kannst, wer sich hinter einem Nickname versteckt, auch wenn du dich schon oft mit demjenigen im Chat oder sogar am Telefon unterhalten hast.

24 % aller Pärchen lernen sich übers Internet kennen

Liebt er mich nur im Netz?

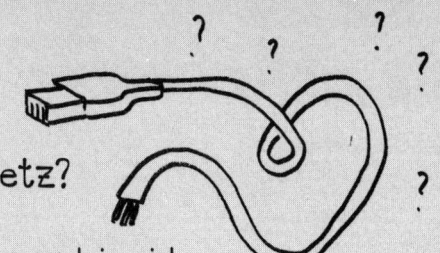

Ich bin in einen Boy verliebt, der auch in mich verliebt ist, wie er mir per E-Mail schreibt. Aber wenn wir uns sehen, ist er zu schüchtern, um mich anzusprechen und mit mir zu reden. Er hat schon öfters ein Treffen abgesagt oder mich einfach versetzt. Nachdem er mir aber immer wieder geschrieben hat, dass er mich so sehr liebt, habe ich ihm jedes Mal verziehen. Er ist nur so wahnsinnig schüchtern und ich weiß nicht, was ich noch machen soll.

INA, 15

Liebe Ina,
Du und Dein Traumboy seid tolle Internet-Liebende. Die Gefühle aus dem Internet in den Alltag zu transportieren ist ein Härtetest, den er noch nicht bestanden hat. Schüchternheit mag ein Grund dafür sein. Vielleicht ist er aber auch beziehungsunwillig und will lieber noch ein wenig von Liebe träumen. Vielleicht hat er aber auch mehrere Eisen im Feuer, sprich mehrere Internetlieben? Wer weiß! Für Dich als Aktivere von Euch beiden sind seine Rückzieher schwer zu verkraften. Findest Du nicht auch, dass es an der Zeit für ihn ist, Farbe zu bekennen? Ich denke, Du hast sein Spiel lang genug mitgespielt. Ändere die Spielregeln und maile ihm: »Internetliebe ist Vergangenheit. Ich will mit einem Treffen nicht mehr warten!« Wenn er dann immer noch nicht kommt, hast Du leider verloren – stimmt! Aber Du weißt dann wenigstens, woran Du bist!

Sexpics von mir im Internet!

Ich hab vor einem Jahr einem Jungen im Chat Bilder von mir in Slip und BH geschickt. Warum, weiß ich auch nicht! Ich bereue es total, so bin ich eigentlich gar nicht. Ich bin mehr der Kumpeltyp zum Pferdestehlen und so. Ich hab ihm geschrieben, ob er die Bilder bitte löschen kann. Er hat geantwortet, sie seien schon lange gelöscht. Ich glaub das aber nicht. Es wäre schrecklich, wenn die Bilder irgendwann, irgendwo auftauchen würden!

FABIENNE, 13

Liebe Fabienne,
dumm gelaufen. Viele Leute veröffentlichen im Internet Geheimnisse und Bilder, die sie lieber für sich behalten hätten. Du hast früh etwas Wichtiges gelernt: Vorsicht im Chat! Verzeih Dir diesen Fehler, wir alle lernen nur aus Fehlern. Und vertrau bitte darauf, dass die Sache für Deinen Chatpartner gelaufen ist. Und sollte wider Erwarten doch irgendwo ein Pic von Dir auftauchen, kille eventuelle Angreifer mit einem selbstbewussten Spruch: »Du hast gar nicht gewusst, wie sexy ich bin, was?«

**KONTAKT
ZU JUNGS**

Hilfe für das Neuland Liebe

Du hattest schon den einen oder anderen heißen
Flirt? Warst sogar schon mal mit einem süßen
Traumboy zusammen? Du bist über die ersten Flirt-
Versuche noch nicht hinausgekommen? Du willst
überhaupt nichts von Jungs wissen, weil dich das
alles viel zu sehr durcheinanderbringt? Alles ist nor-
mal, denn Jungs sind absolutes Neuland. Und jedes
Mädchen reagiert auf diese Herausforderung anders.

1. VERSUCH UND IRRTUM

Die einen probieren aus, wie die Sache mit den Jungen läuft. Verlieben – entlieben – neues Spiel – neues Glück. Sie lassen sich in jedes Abenteuer hineinfallen. Machen eigene Erfahrungen und stellen über Versuch und Irrtum fest, welcher Junge zu ihnen passt.

2. ZUHÖREN UND ZUSCHAUEN

Man kann auch aus Erlebnissen anderer lernen. Zum Beispiel, wenn man über Liebe, Sex und Freundschaft liest, dazu dient ja auch dieses Buch. Wobei das, was die anderen erlebt haben, nicht unbedingt dazu ermuntern muss, es selbst genauso auszuprobieren. Der eine oder andere Aha-Effekt kann für deine eigenen Erfahrungen aber sehr hilfreich sein.

Suche dir deinen eigenen Weg, wie du in das Neuland Liebe eintauchst. Egal welchen Weg du wählst, ob du flirtest, ausprobierst, gleich zur Sache kommst, erst mal bei anderen guckst oder noch keinen Freund haben willst – dein Weg ist der richtige, du bist okay.

Ist er zu schüchtern?

Mein Schwarm und ich verstehen uns ganz gut. Zu einem Kumpel hat er gesagt, dass er eigentlich nichts von mir will, weil er mich erst seit kurzem kennt. Er hat noch andere Andeutungen gemacht, dass er mich nicht schlecht findet. Was soll das heißen? Will er mich erst besser kennenlernen, ehe er etwas mit mir anfängt, oder ist er nur zu schüchtern? Ich hab ihm nur gesagt, dass ich ihn nett finde. War das falsch?

TATJANA, 15

Liebe Tatjana,
Du hast es wirklich toll gemacht und alles war goldrichtig! Aber jetzt guck noch mal auf Deiner inneren Festplatte nach: Konnte er aus Deinem Verhalten wirklich schließen, dass Du ihn nett findest? Wenn Du Dir nicht sicher bist, solltest Du noch ein bisschen weiterbaggern, damit er kapiert, dass Du ihn magst. Es geht dabei nicht um Liebeserklärungen, es geht nur um Sympathie. Wenn Du denkst, dass er die spürt, warte ab. Weißt Du, Schüchternheit ist ein Schutz. Der hat aber auch den Vorteil, dass man die Mädels tanzen lassen kann. Wenn Dein Traumboy nicht allmählich etwas tut in Richtung mehr Kontakt, dann sag Dir gelassen: »Ich hab meine Sache gut gemacht! Wenn er nicht anbeißen will, dann hat das mit mir nichts zu tun!«

Immer in die falschen Jungs verliebt – warum?

Irgendwie verliebe ich mich immer in die falschen Jungs. Meist sind es die totalen Idioten, weil sie nicht treu sind, nur Sex wollen oder mich immer ärgern. Es hört sich ein bisschen komisch an und ich schäme mich auch etwas, aber das sind immer genau die Jungs, die ich mag. Ich habe Angst, dass sie mich auslachen, wenn ich ihnen meine Liebe gestehe. Ich bin verzweifelt.

THERESA, 12

Liebe Theresa,
Dein Brief ist einfach hinreißend. Deine Traumboys sind nicht treu, wollen nur Sex oder ärgern Dich! Dieses Ärgern verrät, dass Du total gesund tickst, wirklich! Der erste Kontakt zu Jungs besteht oft darin, sich gegenseitig zu ärgern, die Grenzen auszutesten. Das ist lebendig, aufregend und ist als Einstieg einfacher als Liebesgeständnisse. Toll, dass Du spürst, wie wichtig dieses Spiel ist. Das durchbricht man nicht, indem man sagt: »Du, übrigens, ich mag dich!« Deshalb ist es auch total in Ordnung, dass Du Deine Gefühle nicht offenbarst. Aus dem Ärgerspielchen wird irgendwann einmal Ernst. Dann kippt die Stimmung und man fällt sich plötzlich um den Hals.

Bin ich für Jungs nur Spielzeug?

Jeder Junge nutzt mich nur aus. Alle spielen sie
mit mir und geben mir das Gefühl, dass sie in mich
verknallt sind. Das ist ja nicht so schlimm, aber
wenn ich mich dann auch verliebt habe, gibt es ein
Problem. Ich fühle mich so was von benutzt, mies
und verarscht. Es läuft immer so wie jetzt mit
meinem momentanen Traumboy: Wenn wir allein sind,
ist er super lieb. Sobald er mit anderen zusammen
ist, vergisst er mich völlig. Bin ich nur Spielzeug?

SOPHIE, 14

Liebe Sophie,
Du bist verknallt, er ist verknallt – da sind Gefühle im Spiel.
Anscheinend knüpfst Du aber ans Verliebtsein zu hohe
Erwartungen. Er hat Dir nicht ewige Treue geschworen. Er hat
nicht versprochen, nicht mehr mit anderen zu reden. Er hat
nicht gelobt, immer nur Augen für Dich zu haben und allein für
Dich da zu sein! Verstehst Du, worum es geht? Sich zu verknallen
ist der Anfang von etwas. Und dann checkt man vorsichtig,
wie viele Gemeinsamkeiten es gibt, die dazu führen könnten,
dass man letztendlich miteinander geht. Die Sache mit Deinem
Traumboy entwickelt sich super. Und wenn er Dich im Beisein
anderer vergisst, denk daran: Er gehört Dir nicht!

Wie wirke ich interessant auf Jungs?

Obwohl ich nicht gerade hässlich bin und auch einen ziemlich guten Charakter habe (hat mir meine Freundin bestätigt), hatte ich schon seit einem Jahr keinen Freund mehr. Ich verzweifle zwar nicht wirklich, aber es wäre trotzdem schön, mal wieder eine Schulter zum Anlehnen zu haben. Was muss ich machen, damit ich auf Jungs interessant wirke? Bitte sag nicht, der Richtige kommt noch, das hat bis jetzt auch nicht geklappt!

LEA, 14

Liebe Lea,
dickes Lob für Dein Selbstbewusstsein. Ja, Du bist hübsch und hast einen super Charakter. Das bemerken die Jungs auch, die sind ja nicht blind. Warum sie trotzdem nicht anbeißen? Weil Du glaubst, Optik und Charakter sind Anreiz genug. Irrtum! Der Funke springt dann über, wenn Du beim Anblick eines süßen Boys etwas spürst. Wie Dir zum Beispiel sein Lächeln Dein Herz wärmt! Wenn Du zurücklächelst, wird er Dein Interesse spüren. Dann kann's zwischen Euch knistern. Eine Schulter zum Anlehnen wird er Dir nicht bieten, Wärme und Zuneigung vielleicht. Und nach dem Richtigen wirst Du noch eine Weile suchen müssen. Dass Du den mit 14 noch nicht gefunden hast, ist normal!

Warum liebt er mich nicht?

Ich liebe einen Jungen, aber der merkt es nicht! Es ist ihm peinlich, mit mir zu reden, obwohl er zwei Jahre älter ist. Ich liebe ihn doch so sehr! Dank ihm hasse ich jetzt die Liebe. Jeder hat einen Freund und ist glücklich. Nur bei mir läuft immer alles schief. Sag jetzt bloß nicht, ich soll mit ihm reden, wenn er sich nicht traut! Dafür bin ich zu schüchtern.

PETRA, 14

Liebe Petra,
vorsichtig gesagt: Du bist knallhart. Diktierst mir, was ich nicht sagen soll. Weißt Du, mir ist klar, dass meine Antworten nicht immer zufriedenstellend sind. Aber man kann meine Denkanstöße im Herzen bewegen, berührt sein, weil sich jemand um die Sorgen kümmert. Du gibst mir keine Chance. Auch Deinem Traumboy gibst du keine Chance. Auch bei ihm hast Du genaue Vorstellungen, wie er zu funktionieren hat. Sorry, wenn ich jetzt hart bin, aber so kannst Du mit Deinen Barbie-Puppen umgehen, nicht aber mit Menschen. Zu einem echten Kontakt gehört zuzuhören, zu hinterfragen, zu reagieren und Interesse zu zeigen. Es würde auch schon reichen, wenn Du Deinen Traumboy einfach nur freundlich anlächeln und Dich darüber freuen würdest, dass Du ihn heimlich anhimmeln darfst.

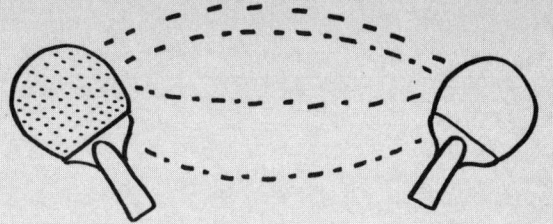

Was tun, um auf Jungs zu wirken?

Ich hatte erst ein Mal einen Freund, da war ich
12, aber das war nichts Richtiges, in der Zeit
hatten alle einen Freund. Das zählt also nicht!
Was kann ich tun, damit ich auf die Jungs wirke
und sie mich sehen? Wie muss man mit 14 sein,
um mithalten zu können?

INES, 14

Liebe Ines,
klasse, dass Du mithalten willst! Super Idee, dass Du aktiv
werden möchtest und nicht als stilles Mauerblümchen in der
Ecke hocken bleibst! Mein Tipp: Stell Dir die Sache mit den
Jungs wie ein Tischtennis-Spiel vor. Mithalten beim Tisch-
tennis heißt: »Ich bin interessiert, so dass man gern mit mir
spielt. Wir schlagen uns die Bälle um die Ohren. Mal gewinnt
der eine, mal der andere. Und wenn ich verliere, bleibe ich
fair.« Auf Jungs und Dein Leben übersetzt heißt das: Du bist
in einer gemischten Clique, flirtest mal mit dem, mal mit
jenem. Knutschst herum. Findest einen Boy mega süß und am
nächsten Tag total doof. So mitzuhalten ist leicht, spielerisch,
sportlich, fröhlich und unkompliziert. Wenn es dann darum
geht, einen möglichen Freund zu spüren, würde sich Dein Herz
rechtzeitig melden, weil es lichterloh in Flammen steht!

Meint er es ernst?

Ich bin Single, hab aber jemanden im Auge. Mein Problem ist, dass ich in den letzten drei Jahren heftig enttäuscht wurde, deshalb bin ich sehr misstrauisch geworden. Den Jungen, den ich im Moment nett finde, kenne ich schon seit einem Jahr. Er meint, er würde mich nie verarschen. Wie kann ich herausfinden, ob er es wirklich ernst mit mir meint?

BIANCA, 16

Liebe Bianca,
Du malst ein rabenschwarzes Bild von Jungs. Erlaub mir, dieses finstere Bild ein bisschen aufzuhellen. Nicht alle Jungs sind gemein! Ich weiß nicht, ob Du einen Bruder hast. Wahrscheinlich nicht, denn sonst hättest Du an ihm studieren können, dass Jungs viele Seiten und ganz unterschiedliche Gesichter haben. Und Du wüsstest, dass sie auch unsicher und schüchtern sein können und Angst vor Enttäuschungen haben. Diese Angst, die Sorge, ob Du es ernst meinst, kannst Du also umgekehrt auch bei Deinem neuen »Kandidaten« voraussetzen. Euer Misstrauen schützt Euch. Mit jedem Schritt, den Ihr Euch besser kennenlernt, gewinnt Ihr Vertrauen. Bei diesem Spiel kann Dir nichts passieren.

Wie meine Liebe gestehen?

Es war vor gut einem Jahr, da hab ich meinem Schwarm meine Liebe gestanden. Unglaublich: Es beruhte auf Gegenseitigkeit! Aber irgendwie fühlten wir uns zu jung und ich dachte bald, dass ich ihn nicht mehr liebe. Doch jetzt bin ich mir sicher: ich liebe ihn. Oder nicht? Manchmal schwebe ich auf Wolke sieben und dann könnte ich ihn wieder auf den Mond schießen. Das ist das eine Problem. Das zweite: Wie soll ich ihm sagen, dass ich ihn wirklich liebe?

NADINE, 12

Liebe Nadine,
ich finde Dich und Deinen Brief total klasse! Ich hoffe, dass ihn viele Girls in Deinem Alter lesen. Denn das ist das klassische Gefühlschaos zu Beginn von Freundschaft und Liebe. Man ist hin- und hergerissen zwischen zwei Extremen: »Freund? Igitt! Bloß nicht!« Und: »Freund? Ja! Ich habe Sehnsucht!« Manche Mädchen lösen diesen Konflikt, indem sie dem negativen Gefühl mehr Raum geben und sagen: »Ich hab noch keine Lust auf einen Freund.« Andere machen die Augen zu und probieren einfach nur Freundschaft aus. Wieder andere bleiben in diesem Zwiespalt stecken und überlegen ewig: Soll ich? Soll ich nicht? Wie immer Du Dich entscheiden wirst, alle Lösungen sind okay. Denn das Tolle daran ist: Du kannst überhaupt nichts falsch machen und die nächste Chance, sich anders zu entscheiden, kommt auch bald!

Boys ... Boys ... Boys?

Es geht mal wieder um das Thema Boys? Also bei mir in der Klasse gibt es einen, der sieht richtig gut aus und ich hab mich total in den verknallt? Das Schlimme ist bloß, der führt sich auf, als wäre er fünf, wenn er mit seinen Kumpels unterwegs ist? Alleine ist er eigentlich ganz nett. Außerdem mag er nur hübsche Girls, die auch noch Oberweite haben müssen. Ganz hübsch bin ich ja, mit der Oberweite kann ich noch nicht dienen *schäm*. Was soll ich tun?

INA, 13

Liebe Ina,
Deinen Traumboy beobachtest Du ja mega genau und Du weißt ganz viel über ihn. Super! Und jetzt geh einen Schritt weiter und spür, was sein Verhalten bei Dir auslöst. Darüber kannst Du mit ihm in Kontakt, in Austausch kommen. Wenn er sich wie ein Fünfjähriger aufführt, könntest Du ihm freundlich grinsend sagen: »Sorry, wenn du den Fünfjährigen spielst, finde ich dich doof!« Wenn Du Dich mit ihm allein super unterhältst, mit ihm lachst, könntest Du sagen: »Ohne deine Kumpels finde ich dich echt klasse!« Dein Gesicht, Deine Oberweite wären ihm dabei so etwas von egal. Weil er nämlich spüren könnte, wie lebendig und höchst interessant Du bist.

Ist dein Traumboy der Richtige?

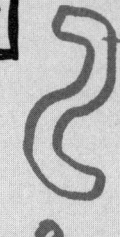

Er ruft nicht an bzw. nie zurück. (Dabei verspricht er es dir jedes Mal, wenn du ihn darauf ansprichst.)

☐ JA   ☐ NEIN

Er schaut auch nach einem Monat noch anderen Mädchen hinterher. (Glaubst du ernsthaft, dass er sich ändern wird?)

☐ JA   ☐ NEIN

Er benimmt sich auch beim fünften Date einfach nur peinlich. (Darum versteckst du ihn vor deinen Freundinnen.)

☐ JA
☐ NEIN

Er fragt dich jeden Morgen, ob er die Hausaufgaben von dir abschreiben kann. (Und immer gibst du sie ihm, in der Hoffnung, dass er ein Date mit dir will.)

☐ JA   ☐ NEIN

Er sagt dir, dass deine Freundin kein bisschen heiß aussieht. (Und starrt dabei auf ihren Po.)

☐ JA   ☐ NEIN

Auflösung: Mehr als zweimal JA heißt: Vergiss ihn.
Aber das hast du ja sicher auch schon geahnt, oder?

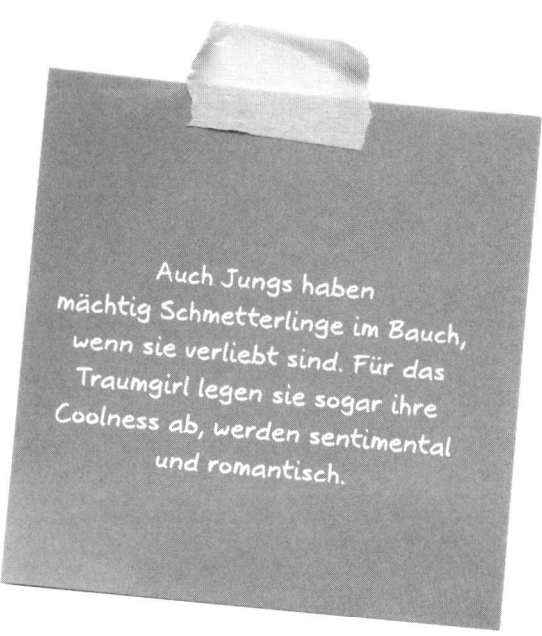

Auch Jungs haben mächtig Schmetterlinge im Bauch, wenn sie verliebt sind. Für das Traumgirl legen sie sogar ihre Coolness ab, werden sentimental und romantisch.

VALENTIN, 15 Ich stand ewig auf ein Mädchen an meiner Schule. Ich hab ihr dann ein Bild gemalt und all meinen Mut zusammengenommen und es ihr überreicht. Sie war total baff und gerührt und wir sind so zusammengekommen!

BERND, 14 Ich hab auf ein Tuch ein Herz gesprüht und das meiner Traumfrau vor die Tür gelegt.

HANNES, 15 Ich war so verknallt, dass ich meinem Schwarm einen Strauß Rosen geschickt hab. Mein ganzes Taschengeld für einen Monat ist dafür draufgegangen, es hat mir nicht leidgetan.

39 %
der Jungs zwischen 12 und 16 glauben
an Liebe auf den ersten Blick

51 %
finden, dass Charakter und Gemeinsamkeiten
zum Verlieben dazugehören

67 %
aller Jungs schenken ihrer Traumfrau oft Blümchen

68 %
aller Jungs würden sich sogar für ein Girl prügeln

46 %
verkrachen sich mit den Freunden,
weil sie mehr Zeit mit der Freundin verbringen

71 %
geben fast die Hälfte ihres Taschengeldes für die Liebste aus

LIEBESSTRESS,
EIFERSUCHT,
TRENNUNG

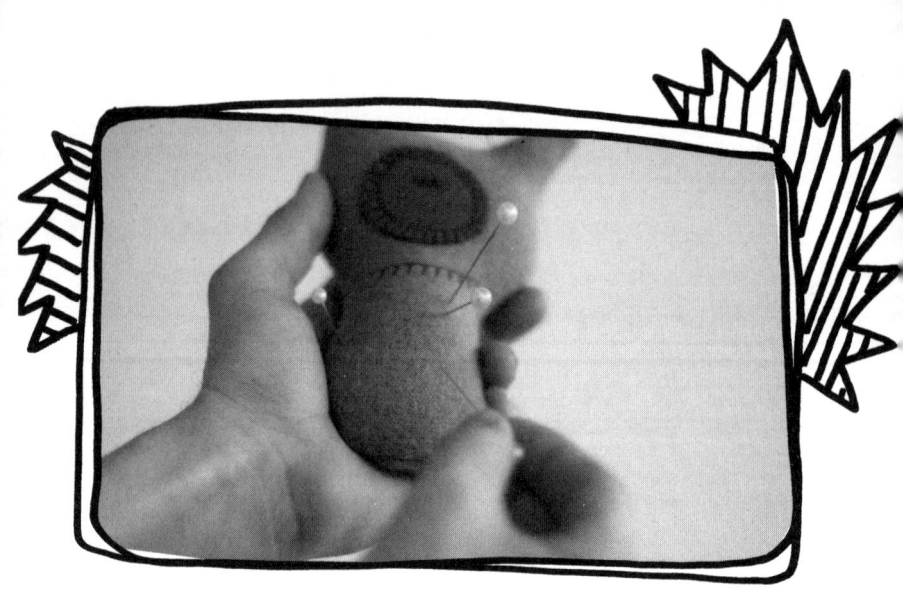

Liebesstress

Klar bist du mit deinem Freund erst einmal im
7. Liebeshimmel, aber Liebesstress kommt auch
unweigerlich auf euch zu. Mal dauert es länger, mal
kürzer, bevor es zu ersten Streitereien, Auseinander-
setzungen und Zweifeln kommt oder die Eifersucht
dich zu quälen beginnt. Das alles gehört mit zur Liebe.
Schließlich prallen da zwei Welten, zwei Persönlich-
keiten aufeinander und so eine Freundschaft braucht
Einfühlungsvermögen, Kompromissbereitschaft und
Mut, sie zu beenden, wenn's nicht mehr läuft.

Liebe ich ihn wirklich?

Ich bin seit eineinhalb Jahren mit meinem Freund zusammen und ich liebe ihn total. Doch leider weiß ich nicht, ob es wirkliche Liebe ist! Ich habe Angst, ihn zu enttäuschen, wie meinen Ex. Ich kann ihm nicht alles anvertrauen, was mich belastet. Wir hatten eine zweiwöchige Pause, in der ich ihn nicht eine Sekunde vermisst habe. Kann es sein, dass ich ihn nicht liebe, sondern nur nicht allein sein möchte?

ELLA, 15

Liebe Ella,
Du versuchst Liebe zu definieren. Ist es Liebe, wenn Du ihm alles erzählen kannst? Ist es Liebe, wenn Du ihn jede Sekunde vermisst? Du lebst Liebe in Gedanken und so wirst Du keine Antwort finden. All diese Grübeleien sind verschwendete Energie. Nutze sie lieber dazu auszutesten, was Du gern mit Deinem Freund machst. Was bringt Euch beiden wirklich Spaß miteinander? Wo und bei welchen Aktionen seid Ihr Euch wirklich nah? So spürst Du Liebe!

Er macht mir nie Geschenke

Ich bin mit meinem Freund jetzt schon vier Monate zusammen. Ich denke mir ständig etwas Nettes aus, um ihn zu überraschen. Schreibe ihm zum Beispiel ein Gedicht oder brenne eine CD. Aber er macht das nie für mich! Nicht einmal zu unserem Kennenlerntag schenkt er mir was! Liebt er mich nicht richtig?

TINE, 15

Liebe Tine,
misst Du den Grad seiner Liebe an Geschenken? Ein wertvolles Armband hieße dann: Er liebt mich wie verrückt! Natürlich lebt eine Beziehung von kleinen Aufmerksamkeiten. Deine Art, Liebe zu zeigen, sind nette Geschenke. Hast Du mal genau hingeschaut, was seine Art ist, Liebe zu zeigen? Vielleicht zieht er seine Jacke aus, wenn Dir kalt ist, und legt sie Dir um die Schultern. Vielleicht hört er zu, wenn Du gestresst bist, und tröstet Dich bei Kummer. Vielleicht sagen seine glänzenden Augen, wenn er Dich sieht, wie unendlich er Dich liebt. Öffne Deine Sinne für andere Liebes-Signale! Du wirst überrascht sein, was Du dann alles entdeckst.

Warum kann ich nicht »Ich liebe dich« sagen?

Ich hab ein großes Problem. Warum fällt es mir so schwer, meinem Freund »Ich liebe dich« zu sagen? Ich liebe ihn wirklich, aber ich kann es ihm weder persönlich noch am Telefon sagen. Warum?
Er kann es schon!

BINE, 15

Liebe Bine,
ich hab eine ganz andere Frage an Dich: Hörst Du gern, wenn Dir Dein Freund »Ich liebe dich« sagt? Glaubst Du ihm die berühmten drei Worte? Wenn's um Liebe geht, ist jeder Mensch anders programmiert. Die einen können Liebesschwüre ganz leicht aussprechen, obwohl sie es oft gar nicht so meinen. Die anderen hören gern »Ich liebe dich« und können die Worte dann oft gar nicht glauben. Wobei ich Deinem Freund nicht unterstelle, dass seine Liebesschwüre nur Lippenbekenntnisse sind. Setz Dich bitte nicht unter Druck, wenn Du nicht zu den Leuten gehörst, denen Liebesworte leicht über die Lippen kommen. Du hast andere Kanäle. Versuche herauszufinden, wo Du Liebe spüren und zeigen kannst. Mach mal die Augen zu und taste sein Gesicht ab. Sicher kriegst Du irgendwann ein Gespür dafür, wann Du ihm das Gefühl vermittelst: »Ich liebe dich!«

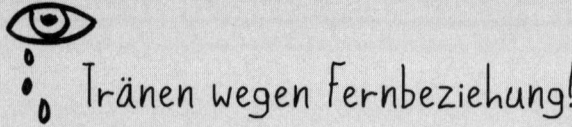

Tränen wegen Fernbeziehung!

Ich hab seit drei Monaten einen Freund (15), wir haben eine Fernbeziehung. Kürzlich haben wir uns für zwei Wochen gesehen, eine Woche bei ihm, eine Woche bei mir. Wir lieben uns sehr. Wir telefonieren jeden Tag, nie geht uns der Gesprächsstoff aus. Aber ich leide total und er auch. Er heult jeden Tag am Telefon, weil es ihm so schlecht geht. Kann man eine Fernbeziehung aushalten? Wie? Ich lieb ihn mehr als alles andere!

MIRI, 15

Liebe Miri,
klar lebt eine junge Liebe von Nähe, es ist wunderschön, wenn man den anderen in die Arme nehmen kann, wann immer man Lust dazu hat. Aber die Gefahr dabei ist, dass sich die Liebe schneller abnutzt und zur Routine wird. In Eurer Fernbeziehung liegt die große Chance, die Sehnsucht zu erhalten! Überlegt doch mal, was Ihr beide für ein Glück habt: An einem entfernten Ort sitzt ein Mensch, der Dich liebt! Ist das nicht ein kleines Wunder? Ihr könnt telefonieren, chatten, voneinander träumen, am Fenster sitzen, den gleichen Stern betrachten und an den anderen denken! So könnt Ihr Eure Liebe lange lebendig erhalten. Aber was tut Ihr stattdessen? Ihr seid traurig und heult! Die Tränen machen Eure Liebe schwer. An dieser Schwere kann sie scheitern. Deshalb: Seid fröhlich und lacht am Telefon miteinander!

Unterschiedliche
Vorstellungen vom Leben

Seit einem Jahr bin ich mit meinem Freund zusammen und wir sind auch sehr glücklich und lieben uns. Wäre da nur nicht das Problem, dass wir für unsere Zukunft total unterschiedliche Wünsche und Vorstellungen haben. Es fängt jetzt schon mit der Freizeitgestaltung oder dem Urlaub an. Wir wissen, dass unsere Beziehung irgendwann daran kaputt-gehen wird. Was sollen wir tun?

CHANTAL, 16

Liebe Chantal,
weißt Du, was ich Euch beiden dringend verordnen möchte? Humor! Lachen! Fantasie und Kompromissbereitschaft! Wenn er auf den Fußballplatz will und Du ins Museum, dann geh Du mal mit ihm zum Kicken, und er macht andere Dinge Dir zuliebe. Der gleiche Austausch kann für Ferien und andere Hobbys gelten. Lass ihn für seine Interessen mit Kumpels losziehen und such Du Dir Gleichgesinnte für das, was Du magst. Und überlegt Euch gemeinsame Dinge, die Euch beiden Spaß bringen. Glaub mir, es kann unheimlich spannend sein, jemanden zu haben, der andere Interessen hat. Das bringt neue Impulse und neue Ideen in die Beziehung!

Eifersucht

Eifersucht ist die größte Gefahrenquelle in einer
jungen Liebe. Eifersucht ist Angst – Angst, den
anderen zu verlieren. Wenn du eifersüchtig bist,
wenn dein Freund mit einer anderen schläft oder
mit anderen herumknutscht, zeigst du gesunde
Eifersucht. Wenn du aber seine Clique, seine
Hobbys kontrollierst, behandelst du deinen Freund
wie einen Besitz, das ist ungesund. Gesunde Eifersucht peppt die Beziehung auf, hält sie lebendig.
Diese Angst macht aufmerksam, behutsam, liebevoll
und wach im Umgang miteinander. Zu viel Angst
lähmt. Ungesunde Eifersucht zerstört die Liebe.

Was macht Mädchen eifersüchtig?

90 % wenn er mit einer anderen schläft

87 % wenn er mit einer anderen knutscht

44 % wenn er andere Mädchen trifft

19 % wenn er eine andere anlächelt

6 % wenn er für einen weiblichen Star schwärmt

4 % wenn seine Hobbys wichtiger sind

3 % wenn seine Clique die größere Aufmerksamkeit bekommt

1 % gar nichts

Was macht Jungs eifersüchtig?

52 % wenn sie mit einem anderen knutscht

48 % wenn sie mit einem anderen schläft

15 % gar nichts

14 % wenn sie einen anderen trifft

5 % wenn sie mit ihrer Clique herumhängt

1 % wenn sie dauernd ihren Hobbys nachgeht

1 % wenn sie für einen Popstar schwärmt

Warum bin ich eifersüchtig?

Meine Freundin und ich wurden von echt süßen Jungs angesprochen, einer wollte ihre Handynummer haben. Da sie sehr schüchtern ist und ich diejenige mit dem frechen Mundwerk, habe ich versucht das Gespräch in Gang zu bringen. Das hat auch wirklich gut geklappt. Aber leider hatte er nur Augen für sie. Das hat mich eifersüchtig gemacht. Was ist, wenn sie einen Freund und keine Zeit mehr für mich hat? Warum kann ich mich nicht für sie freuen?

ROXY, 13

Liebe Roxy,
Du darfst eifersüchtig sein. Ein bevorstehender Freund ist der Härtetest für Eure Freundschaft. Deine Freundin ist Dir so wichtig, dass Du Dir gar nicht vorstellen kannst, sie mit irgendjemandem zu teilen. Übrigens: Solltest Du Dich zuerst verlieben, wird es ihr genauso gehen. Super, wie Du Deine Ängste, Deine Eifersucht spürst. Das ist ein Beweis dafür, was für ein starkes Freundinnen-Team Ihr seid. Deshalb darfst Du Deine negativen Gefühle ruhig rauslassen. Du kannst maulen, motzen, Deine Ängste beschreiben, Deiner Freundin heulend am Hals hängen – sie hält das aus!

Ich liebe den Freund meiner Freundin!

Ich habe mich total in den Freund meiner besten Freundin verliebt! Er ist mein Traumtyp, ich weiß, dass ich nur ihn will! Die beiden sind echt happy und schwer verliebt. Was soll ich nur machen? Ich sage jede Verabredung zu dritt ab, weil ich eifersüchtig bin auf ihr Glück! Und ich heule mir jeden Tag die Augen aus.

MARISA, 14

Liebe Marisa,
klasse, dass Du Dich so zurückhältst und nicht den leisesten Versuch unternimmst, Deiner Freundin den Traumboy auszuspannen! Das ehrt Dich sehr und ich bin sicher, dass Ihr bis zu diesem Drama ein unzertrennliches Freundinnen-Gespann gewesen seid. Bestimmt habt Ihr alles miteinander geteilt: Gedanken, Träume, Sehnsüchte. Weißt Du, was gerade passiert? Du machst jetzt eine neue Erfahrung: Selbst die dicksten Freundinnen können in der Liebe getrennte Wege gehen. Und genau das ist gerade der Fall. Auch wenn Du irre eifersüchtig bist, so stellst Du doch aus Liebe zu Deiner Freundin eigene Gefühle zurück. Also trockne Deine Tränen, sei stolz auf Dich und such Anschluss an eine gemischte Clique, in der Du einfach mal ganz unverbindlich mit süßen Boys flirten kannst.

Ist deine Eifersucht gesund?

Du findest einen Liebesbrief bei ihm. Liest du ihn?
☐ JA   ☐ NEIN

Würdest du sein Handy nach verdächtigen SMS durchforsten?
☐ JA   ☐ NEIN

Jemand spricht schlecht über deinen Freund. Glaubst du es?
☐ JA
☐ NEIN

Er geht allein zu einer Fete. Bist du sauer?
☐ JA   ☐ NEIN

Streitest du dich im Traum manchmal mit deinem Freund?
☐ JA   ☐ NEIN

Auflösung:

5-mal JA: Vorsicht, du bist zu eifersüchtig. Deine Liebe ist in Gefahr.

3- bis 4-mal JA: Konzentriere dich ein bisschen mehr auf dich selbst und dein Eigenleben, dann brauchst du weniger eifersüchtig zu sein.

1- bis 2-mal JA: Du hast ein gesundes Maß an Eifersucht.

Keinmal JA: Ein bisschen Eifersucht bringt Feuer in deine Beziehung.

Trennung und Liebeskummer

Wenn die Liebe stirbt und eine Beziehung zu Ende geht, tut das verdammt weh. Du glaubst, du kannst nie wieder glücklich werden. Für Liebeskummer gibt's keine schnelle Heilung, da muss jeder durch. Hier ein wichtiger Trost: Du kannst nicht nur einmal im Leben lieben.

So fühlen Mädchen bei der Trennung

♥ Wenn der Freund Schluss macht, haben Mädchen oft das Gefühl,»falsch« zu sein. »Wenn ich hübscher wäre, mehr Busen hätte, nicht so verklemmt wäre, dann hätte es bestimmt geklappt«, denken viele.

♥ Mädchen haben Jungs gegenüber einen Vorteil: Sie können den Schmerz zulassen und offen ihre Trauer zeigen.

♥ Mädchen leiden nicht nur seelisch, sondern auch gesundheitlich. Sie essen kaum noch, schlafen wenig.

So erleben Jungs eine Trennung

♥ Wenn die Freundin Schluss macht, fragen sich viele Jungen: »Was hab ich bloß verkehrt gemacht?« In Gedanken gehen sie alle möglichen Situationen durch, in denen sie sich falsch verhalten haben könnten.

♥ Jungs haben oft das Gefühl, versagt zu haben, wenn sie verlassen werden. Sie fühlen sich hilflos, können das aber nicht zeigen und schon gar nicht vor Kumpels zugeben. Meist kommt der lahme Spruch: »Andere Mütter haben auch schöne Töchter«, und so verdrängen Jungs ihre wahren Gefühle.

♥ Eine Trennung verschlägt Jungs nicht den Appetit. Aber im Grunde leiden sie bestimmt genauso stark wie Mädchen, weil viele den Schmerz nicht rauslassen können aus Angst, vor anderen als Weichei dazustehen.

Ich will ihn zurück!

Ich hab ein kleines Problem: Mein Freund hat mit mir Schluss gemacht und jetzt weiß ich nicht, was ich machen soll. Ich habe mich sogar geritzt. Was soll ich tun? Ich liebe ihn so! Wir waren schon zum zweiten Mal zusammen. Ich will ihn unbedingt zurück! Er ist der wichtigste Mensch in meinem Leben.

JASMIN, 14

Liebe Jasmin,
ich bin schon ein wenig verwirrt von der Gewichtung Deiner Probleme. Wenn Du Dich ritzt, hast Du ein großes Problem. Bleibt noch das kleinere Problem mit Deinem Ex. Ich denke, da brauchst Du von mir nur noch einen kleinen Tritt in Deinen süßen Po, um ihn endlich in den Wind zu schießen. Ich würde Dir raten, Dein großes Problem anzugehen. Schau ins Internet, unter www.rotetraenen.de findest Du viele wertvolle Infos. Nimm aus Deinem Trennungsproblem das Drama raus und guck Dich nach einem neuen süßen Traumboy um!

Werde ich mich je wieder verlieben?

Mein erster Freund hat Schluss gemacht, nach nur einem Monat. Ich bin total traurig. Vor allem, weil er so tut, als wäre es ihm egal. Als ich weinen musste, hat er gesagt: »Warum heult die schon wieder?« Alle meine Freunde halten zu mir, rufen mich an, schreiben mir, aber eine Stunde nach der Aufmunterung geht es mir wieder schlecht. Hört das irgendwann auf weh zu tun? Werde ich mich je wieder verlieben können?

KATHIE, 13

Liebe Kathie,
Deine Haltung finde ich ganz, ganz toll! Du jammerst nicht, dass Du Deinen Freund zurückhaben möchtest. Du kannst die Realität anerkennen, Du akzeptierst das Aus! Dass das Ende Deiner ersten Liebe so sehr wehtut, ist verständlich. Du hast noch nie erlebt, dass man Liebeskummer überstehen kann. Hol Dir Trost bei Deinen Freunden, heul, wenn Dir danach ist. Ich verspreche Dir, dass die Herzschmerzen irgendwann aufhören. Und so ein einfühlsames, liebenswertes Mädchen wie Du wird sich ganz schnell in einen anderen Traumboy verlieben! Denn das ist das Schöne an der Liebe: Man kann sie immer wieder neu erleben!

Will ich ihn wieder zurück?

Vor kurzem hatte ich einen Freund, aber nur einen Tag lang. Ich hab Schluss gemacht, weil ich mich nicht wohlfühlte dabei. Aber wenn er mich angefasst hat, kribbelte mein ganzer Körper. Ich muss ständig an ihn denken und stell mir vor, wir wären noch zusammen. Auch seine Freunde nerven und fragen, warum ich Schluss gemacht hab. Leider trau ich mich nicht, ihn zu treffen und zu fragen, ob er noch was von mir will.

KARIN, 13

Liebe Karin,
Du hast ein feines Gespür! Als Du gemerkt hast, dass Du Dich nicht wohlfühlst mit Deinem Freund, hast Du spontan Schluss gemacht. Du bist mutig und beherzt, Du kannst schnelle Entscheidungen treffen. Dass Du ihn jetzt zurückhaben willst, ist normal. Denn Du spürst ja auch noch die Sehnsucht nach dem Kribbeln. Und seine Freunde verstärken mit ihren Kommentaren Deine Sehnsucht, sie wissen ja nicht um Deine Ängste. Also bist Du jetzt zerrissen und Dein Herz sagt: »Ich will ihn und ich will ihn nicht!« Es wäre echt eine Meisterleistung von Dir, zu ihm hinzugehen und zu gestehen: »Ich will doch!« Vielleicht schaffst Du diese Meisterleistung! Denn schließlich weißt Du ja selber, wie kurz entschlossen Du handeln kannst, wenn Dir etwas nicht behagt.

9 Liebeskummer-Tipps

♥ Du willst die Trennung nicht wahrhaben und glaubst, du hast noch Chancen bei ihm? Dann tu alles, um ihn zurückzuerobern!

♥ Bist du wütend über das fiese Ende? Lass deine Wut raus, schick deinem doofen Ex einen Kaktus, aber bombardiere ihn nicht mit bösen SMS.

♥ Bade in deinem Liebeskummer. Erzähl jedem von deinem Leid. Aber bitte nur eine begrenzte Zeit lang, sonst nervst du auf Dauer nur.

♥ Vertrau deinen Kummer einer Person an, die dich versteht. Das kann die beste Freundin, deine Mutter oder eine Tante sein.

♥ Heul dir die Augen aus dem Kopf, wenn du allein bist! Gönn dir eine halbe Stunde zum Trauern, dann ruf eine Freundin an oder hör eine CD, die dich ablenkt.

♥ Nicht in Erinnerungen schwelgen! Steck erst einmal alles, was dich an deinen Liebsten erinnert, in eine große Schachtel, die du am besten weit weg versteckst.

♥ Lenk dich ab! Triff dich mit der Clique, geh tanzen. Auch Sport hilft! Bewegung schüttet Glückshormone aus.

♥ Schreib einen Brief, mit allem, was schön und was weniger schön in der Zeit eurer Beziehung gewesen ist. Anschließend vergrabe diesen Brief im Wald oder verbrenne ihn.

♥ Du hast geliebt, bist geliebt worden – und diesen Reichtum, diese Erfahrung nimmst du mit in die nächste Beziehung!

ZÄRTLICH-
KEIT
UND SEX

Küssen und erste sanfte Zärtlichkeiten

»Schmusen hat doch null mit Sex zu tun!« Glaubst du diese Aussage etwa auch? Viele Mädchen denken nämlich, dass küssen, streicheln oder davon zu träumen viel zu kindlich ist. Irrtum! Schmusen ist so aufregend wie heiße Liebe! Warum? Beim Austausch von Zärtlichkeiten lernst du, was so alles mit dir und deinem Body geschieht, wenn du sexuell erregt bist. Küsse und kleine Liebkosungen lassen dich auf einer rosa Wolke schweben. Eine innige Umarmung mit deinem Traumboy – und du möchtest vor Glück jubeln? Seine Hände unter deinem T-Shirt jagen dir kleine Schauer über die Haut? Du spürst Sehnsucht, wenn du vorm Schlafengehen an ihn denkst? Wow! Was für ein Gefühlsreichtum dich schon bei heißen Träumen und eher soften Spielereien überschüttet! Wenn du später mehr Sexualität erleben willst, richtiges Petting bis hin zum Miteinanderschlafen, bist du fit dafür. Denn je glücklicher und je reicher der Schmuse-Spielplatz gewesen ist, desto schöner werden deine weiteren Sexerfahrungen sein.

Ich will doch nur Händchen halten

Seit rund drei Wochen hab ich einen Freund. Er ist
nicht mein erster, sondern schon Nummer drei, aber
bisher hat es bei keinem richtig geklappt. Ich würde
gern Händchen halten, weiß aber nicht, wie ich es
anstellen soll. Meine Freundin meint, ich soll's ihm sagen
oder es ihm schreiben. Doch ich trau mich weder das
eine noch das andere. Was ist, wenn er es nicht will?

JULIA, 13

Liebe Julia,
ein dickes Lob für Deinen mutigen Brief! Auch wenn viele
Leserinnen müde darüber lächeln, ich finde Deine Frage nach
dem Händchenhalten absolut wichtig. Liebe passiert in kleinen
Schritten, und Händchenhalten kann schon ein ganz großer
sein. Oft zu groß für den Anfang. Jeder hat sein persönliches
Tempo, mit dem er sich Liebe, Sex und Freundschaft nähert. So
würde Deine Freundin ihrem Traumboy sagen: »Nimm meine
Hand.« Eine andere würde es vielleicht einfach tun. Setz Du
Dich aber nicht unter Druck. Weißt Du was? Wenn Du dem-
nächst wieder neben Deinem Traumboy gehst oder stehst, halte
in Gedanken seine Hand. Und spüre seine Wärme, die von seinem
Körper ausgeht. Schnuppere, wie er riecht, höre den Klang seiner Stimme. Schärfe Deine Sinne für ihn und glaub mir, all das
stellt tiefe Intimität her.

Wie schaffe ich es, ihn zu küssen?

Mein Freund ist mega schüchtern, und ich auch? Wir sind seit einem Monat zusammen und ich würde ihn gern küssen, aber ich trau mich nicht? Und er hat mir per SMS gesagt, dass ich auf ihn zukommen müsste. Er hätte Angst ... Angst wovor? Ich hab zwar keine Angst, weiß aber nicht, wie ich es anstellen soll. Nachher küsse ich ihn normal und auf einmal steckt er mir seine Zunge in den Mund? Was soll ich bloß tun?

MARIA, 13

Liebe Maria,
dieser erste Kuss scheint ja das Reizthema Eurer Freundschaft zu sein! Klar ist so eine Kuss-Premiere nie einfach und jeder fragt sich: wann, wie, wo? Aber Ihr habt euch gegenseitig so toll unter Druck gesetzt, dass Ihr das Küssen erst mal vergessen solltet. Ja, Du hast richtig gelesen! Und ich geh noch einen Schritt weiter. Schick ihm eine SMS und schreib ihm: »Kussverbot!« So komisch das klingen mag, aber es wird Euch beide entspannen. Ihr könnt Euch unbeschwert noch ein wenig mehr kennenlernen, miteinander Spaß haben, ohne an den Kuss denken zu müssen. Oder es passiert noch etwas ganz anderes mit Euch: Nachdem das Reizthema Küssen entfällt, langweilt Ihr Euch total miteinander. Wie auch immer, probier's aus mit dem Kussverbot.

So einfach kann Küssen sein

HANNA, 14 Es geschah auf einer Party, bei einem Spiel, bei dem ausgelost wurde, wer mit wem und wie lange. Und ich musste doch glatt zwei Minuten mit dem Schwarm vieler Mädchen knutschen! Ich dachte, es geschieht sowieso nichts, doch als das Licht ausging, kam sein Gesicht immer näher an meines und plötzlich wurden unsere Zungen eins! Es war ein irres Gefühl und ich meinte innerlich zu explodieren! Es war, als ob Tausende von Schmetterlingen in mir herumflattern würden. Und wir überschritten sogar die zwei Minuten. Meine Angst, beim ersten Zungenkuss etwas falsch zu machen, war völlig unbegründet. Es klappte von ganz alleine! Und das Gefühl dabei ist einfach unvergesslich.

Petting

»Petting« kommt aus dem Amerikanischen, »to pet«
bedeutet so viel wie hätscheln, liebkosen. Petting
ist jedoch mehr als das. Petting ist ein Liebesspiel, bei dem alles erlaubt ist, außer miteinander
zu schlafen. Für 85 % aller Jugendlichen ist dieses
zärtliche, wilde und auch leidenschaftliche Spiel
die schönste Art, sich Zuneigung zu zeigen. Wir alle
sind sexuelle Wesen und müssen erst lernen, Sexualität richtig zu erleben. Zärtlichkeiten genießen zu
können ist der erste und der wichtigste Schritt, um
sexuelle Erlebnisfähigkeit zu lernen. Wenn du Zärtlichkeiten genießen kannst, ist es dir auch möglich,
einen Schritt weiter zu gehen und selber zärtlich zu
werden. Lust liegt im Geben und Nehmen.

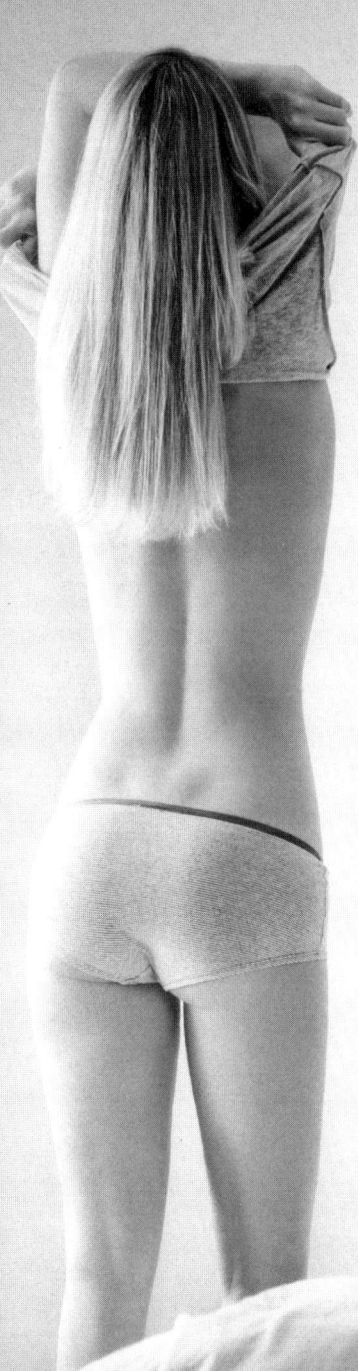

Welche Art Petting Mädchen
zwischen 14 und 16 schon
gemacht haben

48 %
sagen: Mein Freund hat meinen
Busen gestreichelt

46 %
sagen: Ich habe das Glied meines
Freundes gestreichelt

44 %
sagen: Mein Freund hat
meine Scheide gestreichelt

15 %
berichten Unterschiedliches:
angezogen streicheln, Intimküsse,
Oralverkehr, Heavy Petting

24 %
haben bisher nichts von alldem erlebt

Was Mädchen empfinden, wenn sie das Glied eines Jungen anfassen

37 %
Es ist weiche Haut und warm

36 %
Es ist stark und erregend

20 %
Ich hatte dazu noch keine Gelegenheit

5 %
Dazu hatte ich noch keine Lust

2 %
Es ist eklig und klebrig

Heiße Pettingfragen

ANKE, 13 Mein Freund will mit mir Petting machen.
Wie soll ich überhaupt anfangen?
Petting wird nicht beschlossen, Petting entwickelt sich aus
kleinen Zärtlichkeiten. Es beginnt noch voll angezogen mit
Küssen und Schmusen – und dabei bleibt's meist auch eine ganze
Weile. Denn du musst ja erst mit diesen neuen, aufregenden
Gefühlen zurechtkommen. Später werdet ihr neugieriger, die
Hände gleiten unters T-Shirt, irgendwann zieht ihr euch aus,
die Zärtlichkeiten werden intimer. Tipp: Sorgt dafür, dass euch
niemand stören kann. Eure Lieblings-CD, Duftkerzen und was
zu trinken (ohne Alkohol) lockern die Stimmung auf – denn
dein Freund ist genauso aufgeregt wie du.

JANA, 16 Wie soll ich seinen Penis streicheln?
Du kannst mit der Hand den Penisschaft auf und ab streicheln.
Du kannst sein Glied mit der Hand umfassen und die Vorhaut
über die Eichel rauf- und runterschieben. Du kannst mit der flachen Hand über die Gliedspitze streicheln. Frag deinen Freund,
wie zart oder fest die Berührung sein soll.

KITTY, 15 Was macht einen Boy so richtig heiß?
Handflächen, Fingerspitzen, Mund und die Zunge sind die bevor-
zugten »Instrumente« beim Petting. Geh auf Entdeckungsreise.
Haaransatz, Stirn, Schläfen, Augenbrauen, Augenlider, Wangen,
Lippen und Mund sind sensible Stellen auf der erogenen Land-
karte. Besonders empfänglich sind auch Nacken, Ohrläppchen,
Hals, Rücken, Po und die Brust. Wobei Jungs Sexualität anders
erleben als Mädchen. Deine Erregung baut sich beim zärtlichen
Streicheln langsam auf, dein Freund hingegen wird viel schneller
erregt sein als du – und kann den Samenerguss oft nicht mehr
zurückhalten.

GLORIA, 15 Heavy Petting – was ist das genau?

Heavy Petting ist Streicheln für Fortgeschrittene und bedeutet, dass man sich auch an den Geschlechtsteilen streichelt – bis zum Orgasmus. Oder Penis und Kitzler mit Lippen und Zunge bis zum Höhepunkt liebkost. Wichtig dabei ist, dass du nichts tust, wozu du keine Lust hast, und auch deinem Freund nichts aufdrängst, was er nicht will. Setzt euch auch nicht unter Leistungsdruck und glaubt nicht, ihr müsstet schon gleich beim ersten Versuch einen Orgasmus erleben.

LIS, 15 Wie kann ich ihm zeigen, wie er meinen Kitzler streicheln soll?

Dein Kitzler ist so empfindlich, dass unsanfte Jungenhände wehtun können. Dein Freund benötigt deine Hilfe, selbst wenn er schon Erfahrung hat. Denn Mädchen haben unterschiedliche Vorlieben, wie sie dort berührt werden möchten. Du kannst auch ohne Worte liebevoll deine Hand auf seine legen und seine Bewegungen lenken. Wichtig ist, dass dein Kitzler feucht ist, weil sonst die Berührung schmerzhaft sein kann. Streichelt ihn dein Freund, wirst du immer erregter und dann zieht sich dein Kitzler unter die Hautfalte, das schützende Klitorishäubchen, zurück. Hat ein Junge noch nicht genügend Erfahrung, denkt er, das Mädchen hat jetzt einen Orgasmus. Doch sie ist erst auf dem Weg zum Höhepunkt. Wird der Kitzler weiter gestreichelt, kommst du schließlich zum Orgasmus.

XENIA, 14 Er wünscht sich,
dass ich ihm einen »blase«. Wie geht das?

»Blasen« ist ein umgangssprachlicher Begriff für Oralverkehr.
Gemeint ist, den Penis mit Mund, Lippen und Zunge zu liebkosen. Diese Form der Sexualität braucht Übung – und ist
sicher erst dann dran, wenn du mit Kuscheln, Schmusen und
Streicheln viele Erfahrungen gemacht hast. Wenn du magst,
kannst du die Gliedspitze küssen und leicht daran saugen. Sie
ist besonders empfindsam, weil sich dort viele Nervenenden
befinden.

INES, 14 Kann man beim Petting schwanger werden?

Ja, wenn der Junge beim Orgasmus seinen Penis direkt an deine
Schamlippen presst. Durch die Scheidenflüssigkeit, die dein
Körper bildet, wenn du sexuell erregt bist, können die Samen-
zellen in deine Gebärmutter sozusagen »hineinschwimmen«.
Wenn ihr euch so heftig liebt, schützt euch mit einem Kondom.
Schwanger werden kannst du auch dann, wenn der Junge dich
mit Samen an seinen Fingern an oder in der Scheide berührt.
So können Samenzellen auch in dein Körperinneres transpor-
tiert werden. Kommt Samenflüssigkeit an die Finger, bitte sofort
Hände waschen und danach erst wieder zärtlich werden.

Lustige Petting-Spielchen

CHIARA, 14 Ich hab meinem Freund vorgeschlagen, Gummibärchen auf seinen Bauch zu legen und sie von der Haut zu knabbern. Er hat mich ausgelacht und wollte nicht. Da hab ich ihm ein Gummibärchen in den Mund geschoben und es ihm beim Zungenkuss wieder abgejagt. Wir haben unendlich viel dabei gelacht.

ANJA, 16 Unser schönstes Spiel ist, splitterfasernackt zu Schmusemusik zu tanzen.

TAMARA, 15 ›Ausziehen‹ heißt unser tollstes Spiel. Ich ziehe meinen Freund ganz langsam aus, streichle dabei jeden freien Zentimeter seiner Haut – und dann macht er dasselbe bei mir.

KATIE, 14 Wir haben das Massage-Spiel entdeckt, zuerst beginnen wir schüchtern an den Armen, weiter geht's im Gesicht und ganz spannend wird's, wenn wir uns dann ausziehen.

So kannst du Petting ohne Angst genießen

Sicher kennst auch du die Zerrissenheit, wenn es um Sexualität geht. Die absoluten Sehnsuchtsgefühle nach Liebe und nach Zärtlichkeit werden geblockt von Angst und Unsicherheit. Auf der einen Seite steht ein großes JA! Ja, ich will mit meinem Freund zärtlich sein. Ja, ich will Sex. Auf der anderen Seite steht das große NEIN. Nein, intime Zärtlichkeiten sind mir noch zu viel. Nein, das alles ist so neu. Nein, ich habe Angst. Petting ist eine wunderbare und tolle Möglichkeit, das Ja und das Nein zu leben. Petting ist eine erotische Spielwiese, auf der du dich nach Herzenslust tummeln kannst und auch darfst. Es ist der ideale Mittelweg, um Sexualität zu erfahren. Du kannst knutschen, streicheln, du kannst dich streicheln lassen, angezogen oder schon ein bisschen ausgezogen. Weil du dich und den Jungen Stück für Stück entdeckst, kannst du so deine Ängste abbauen. Du bestimmst das Tempo auf dieser abenteuerlichen Entdeckungsreise.

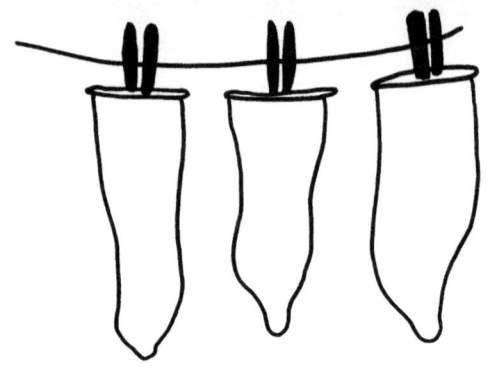

Verhütung

Das folgende Kapitel liegt mir ganz besonders am Herzen. Ich weiß, heiße Gefühle machen schon genug Stress. »Jetzt auch noch dieses öde Thema«, wirst du vielleicht denken. Dann möchte ich in diesem Buch einmal richtig streng werden: Reif für Sex bist du wirklich erst dann, wenn du für sichere Verhütung sorgen kannst. Selbst wenn das erste Mal enttäuschend war und Narben auf der Seele hinterlässt, so verheilen sie mit der Zeit. Aber eine ungewollte Schwangerschaft ist sehr viel schlimmer und bringt ernsthafte Probleme mit sich. Auch wenn du so bald noch nicht vorhast mit deinem Freund zu schlafen, kann es nicht schaden, dich rechtzeitig über Verhütung zu informieren. Für viele Jugendliche kommt der erste Sex nämlich ungeplant, sie werden von ihren Gefühlen und der Situation überwältigt. Tatsächlich vergessen dann 16 % in diesem Gefühlsrausch die Verhütung! Mach es bitte besser!

So wird beim ersten Mal verhütet

66 %
verhüten mit Kondom

18 %
verwenden Pille und Kondom

16 %
verhüten nicht

Wie wird man überhaupt schwanger?

Wenn nicht verhütet wird, hat das auch damit zu tun, dass viele
Mädchen und Jungen gar nicht wissen, wie eine Schwangerschaft überhaupt entsteht.

Deshalb am besten noch mal von Anfang an: Durch den
Einfluss von Hormonen bildet der weibliche Körper rund
alle 28 Tage – etwa in der Mitte des Monatszyklus – eine reife
Eizelle. Sie wandert vom Eierstock in den Eileiter, das ist der
sogenannte Eisprung. Wenn nun ein Spermium des Mannes auf
die Eizelle trifft, kommt es zur Befruchtung. Die Tage um den
Eisprung herum nennt man deshalb die fruchtbaren Tage.

Nach dem Samenerguss, bei dem rund 200 bis 400 Millionen
Samenzellen aus dem Penis in die Scheide gelangen, wandern
die lebensfähigen und beweglichen Spermien den rund 20 cm
langen beschwerlichen Weg durch den Gebärmutterhalsschleim
und die Gebärmutter in die Eileiter. Gewinnt eine einzelne
Samenzelle das Rennen und gelangt dort an, durchdringt sie
die Eihülle und die Zellwand der Eizelle. Ei- und Samenzelle
verschmelzen miteinander. Das befruchtete Ei nistet sich in der
Gebärmutterschleimhaut ein. Nun ist die Frau schwanger.

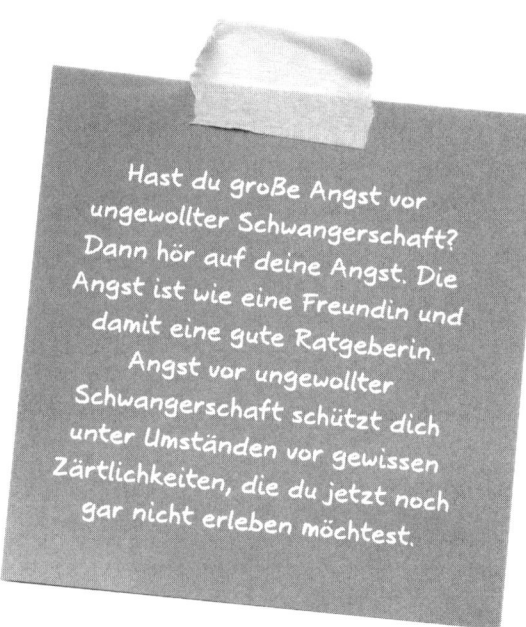

Hast du große Angst vor ungewollter Schwangerschaft? Dann hör auf deine Angst. Die Angst ist wie eine Freundin und damit eine gute Ratgeberin. Angst vor ungewollter Schwangerschaft schützt dich unter Umständen vor gewissen Zärtlichkeiten, die du jetzt noch gar nicht erleben möchtest.

Werde ich schwanger ...

... wenn ich meine erste Periode noch gar nicht habe?
Risiko. Darauf kann man sich nicht verlassen. Die Spermien im
Samen können bis zu sechs Tagen in den Eileitern leben. Angenommen, die erste Eizelle reift in dieser Zeit heran, dann kann
sie von der Samenzelle befruchtet werden. Und das Mädchen
wird schwanger, ehe sie überhaupt die Tage bekommen hat.

... wenn ich gerade meine Regel habe?
Risiko. Die Regel schützt nicht vor einer Schwangerschaft. Auf
Grund hoher Hormonschwankungen in der Entwicklung ist der
Eisprung meist unregelmäßig. Passiert er kurz nach der Periode,
so kann es zur Befruchtung kommen, weil die Spermien im
Samen eben sechs Tage im weiblichen Körper lebendig bleiben.

... wenn er seinen Penis nur kurz in die Scheide einführt oder ihn vor dem Samenerguss wieder herauszieht?
Beides bedeutet volles Risiko, denn bereits vor dem Samenerguss kommt klare Flüssigkeit aus dem Glied, »Sehnsuchtstropfen« genannt, in der schon Samenzellen schwimmen können.

... wenn er seinen Samenerguss hat und wir beide noch unsere Slips anhaben?
Nein, Samen kann keine zwei Stoffschichten durchdringen.

... wenn ich seinen Samen schlucke?
Nein, weil der Samen im Magen landet. Schwanger kann man nur dann werden, wenn der Samen in die Scheide gelangt.

... wenn ich Analverkehr habe?
Nein, beim Analverkehr wird der Penis in den After, also den Darm eingeführt. Von dort führt kein Weg für die Samenzellen in die Gebärmutter.

... wenn ich meine unfruchtbaren Tage ausrechne?
Sehr riskant. Die gefährliche Zeit, in der man schwanger werden kann, ist sechs Tage vor und sechs Tage nach dem Eisprung. Aber diesen Zeitraum kann man bei einem Mädchen in der Entwicklung nicht genau bestimmen, weil er auf Grund hoher Hormonschwankungen meist unregelmäßig ist.

Welche Verhütungs-
methode ist die richtige?

Pille? Kondom? Pille plus Kondom? Oder doch lieber Scheidenzäpfchen? Was ist ein Pessar? Wie sicher ist so ein Hormonstäbchen? Es ist gar nicht so einfach, bei dem Riesenangebot die
richtige Verhütung zu finden. Hier eine kleine Hilfe durch den
Verhütungs-Dschungel mit angegebenem Sicherheitsfaktor.

Sicherheit auf einen Blick

Pille	0,5 – 1
Dreimonatsspritze	0,5 – 1
Hormonimplantat	0,5 – 1
Vaginalring	0,7 – 1,8
Verhütungspflaster	0,8 – 1,8
Verhütungscomputer	1 – 2
Spirale	1 – 3
Pille danach	1 – 3
Scheidendiaphragma / Pessar	2 – 3
Minipille	2 – 3
Kondom	5 – 7
Verhütungszäpfchen	10 – 12
Femidom	12 – 15
Natürliche Verhütungsmethoden	15 – 30
Coitus interruptus	15 – 30

Sicherheitsfaktor 0,5 – 1 bedeutet zum Beispiel: Von 100 Frauen,
die mit dieser Methode verhüten, werden 0,5 bis eine Frau
trotzdem innerhalb eines Jahres schwanger. Sicherheitsfaktor
1 – 2 bedeutet dann: Von 100 Frauen werden innerhalb eines
Jahres eine bis zwei schwanger.

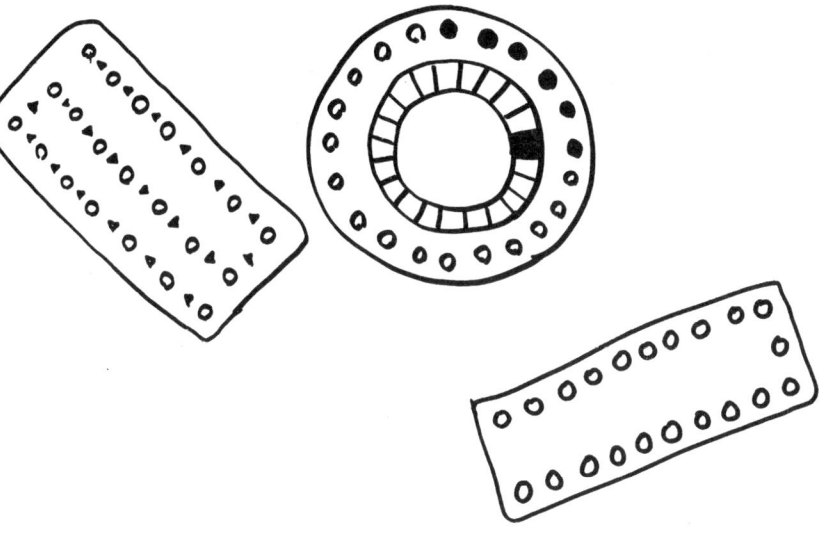

Die Pille – eine bewährte Verhütungsmethode

Du hast schon länger einen festen Freund, mit dem du regelmäßig schläfst? Ihr vertraut euch und er würde dich auch gern mit einer süßen SMS daran erinnern, dass du die Pille pünktlich schluckst? Natürlich bist du selbst genauso fit und weißt, dass die Pille nur wirkt, wenn du sie nicht vergisst? Dreimal Ja? Dann geht zusammen zum Frauenarzt und lasst euch beraten.

Wirkungsweise: Die Pille verhindert den Eisprung.

Vorteil: Der Zyklus wird geregelt, oft hilft die Pille auch bei Hautproblemen. Für junge Mädchen gibt es spezielle Pillen, sogenannte Mikropillen, mit wenig Hormonen und kaum Nebenwirkungen, auch keine Gewichtszunahme.

Nachteil: Eventuell Übelkeit, Kopfschmerzen, Stimmungsschwankungen.

Das Kondom – vielseitig einsetzbar

Du bist noch unsicher, ob du überhaupt regelmäßigen Sex haben möchtest, doch jetzt bist du total verknallt und weißt: Er ist der Richtige fürs erste Mal? Dann holt euch im Drogeriemarkt oder in der Apotheke Kondome. Eine Möglichkeit ist das Kondom mit dem Extra-Schutz. Es hat eine samenabtötende Befeuchtung, die zusätzliche Sicherheit gibt (zum Beispiel DUREX Sicher Plus aus der Apotheke).

Wirkungsweise: Samenzellen gelangen nicht in die Scheide.

Vorteil: Neben der Verhütungsfunktion auch Schutz vor AIDS und sexuell übertragbaren Krankheiten.

Nachteil: Das Kondom kann bei falscher Anwendung reißen.

Kondome bei Oralverkehr

Du und dein Freund seid euch so vertraut, dass ihr eure intimen Stellen gegenseitig mit dem Mund liebkosen wollt? Aber du möchtest unter keinen Umständen seinen Samen schlucken? Bunte Kondome mit Fruchtgeschmack machen Fun und bieten Schutz!

Pille plus Kondom
– die Kombi für Sicherheits-Girls

Willst du immer auf Nummer sicher gehen? Oder erlaubst du dir auch schon mal einen One-Night-Stand? Dann ist die doppelte Verhütung dein Ding! Der doppelte Schutz nimmt Übervorsichtigen die Angst – vergisst man die Pille, schützt das Kondom; reißt das Kondom, schützt die Pille. Und bei neuen sexuellen Kontakten ist ein Kondom sowieso ein Muss!

Mini-Pille, Scheidenzäpfchen und Femidom
– drei fragwürdige Verhütungsmethoden

Die **Minipille** muss täglich pünktlich und mega genau zur gleichen Minute eingenommen werden. Dieser Stress ist keinem Mädchen zu empfehlen.

Wirkungsweise: Die Einnistung des Eis wird verhindert.

Vorteil: Weniger Hormone.

Nachteil: Einnahme immer zur gleichen Uhrzeit.

Verhütungszäpfchen sind eigentlich praktisch, weil du sie vor dem Sex in die Scheide einführen kannst. Doch allein angewendet sind sie sehr unsicher. Zusätzlichen Schutz bietet ein Kondom – wobei man extrem vorsichtig sein muss: Der Wirkstoff in dem Zäpfchen kann das Latex angreifen. Deshalb muss man in der Apotheke spezielle Kondome besorgen, die mit Scheidenzäpfchen kombiniert werden dürfen.

Wirkungsweise: Der Schaum verhindert das Eindringen der Samenzellen und tötet sie ab.

Vorteil: Jederzeit anwendbar.

Nachteil: Vor jedem Geschlechtsverkehr muss ein neues Zäpfchen verwendet werden.

Ein **Femidom**, das Kondom für Frauen, ist leider sehr unsicher und umständlich anzuwenden. Diese Kunststoffhülle mit zwei Ringen wird in die Scheide eingeführt. Weiterer Nachteil: Es raschelt beim Sex!

Der Vaginalring – die Alternative zur Pille

Der Vaginalring ist ein biegsamer Ring aus Kunststoff mit einem Durchmesser von 54 mm. Er wird zusammengedrückt und wie ein Tampon in die Scheide eingeführt. Nach 3 Wochen wird der Ring wieder entfernt und eine 7-tägige Pause eingelegt, bevor man einen neuen Ring einsetzt. In der ringfreien Woche kommt es dann zur Regelblutung.

Wirkungsweise: Die im Ring eingearbeiteten Hormone werden kontinuierlich an die Schleimhaut abgegeben und hemmen, wie die Pille, den Eisprung.

Vorteil: Sichere Verhütung, man muss nicht täglich an die Pille denken.

Nachteil: Der Ring kann beim Geschlechtsverkehr oder beim Entfernen eines Tampons aus der Scheide rutschen. Er sollte sofort wieder eingesetzt werden, da nach 3 Stunden der Empfängnis-schutz nicht mehr gewährleistet ist. Der Ring wird manchmal als unangenehm und störend empfunden, manche Paare spüren ihn auch beim Sex. Außerdem ist er verhältnismäßig teuer.

Das Hormonpflaster – Verhütung über die Haut

Das Pflaster ist 4,5 x 4,5 cm groß und wird auf Po, Bauch, Oberarm oder Oberkörper geklebt. Es darf mit Wasser, nicht aber mit Kosmetika und Ölen in Berührung kommen. Es wird 21 Tage lang angewendet und muss alle 7 Tage erneuert werden. Pro Zyklus braucht man also drei Pflaster. Die vierte Woche ist pflasterfrei, in der Zeit kommt es dann zur Regelblutung.

Wirkungsweise: Durch die Haut gibt das Pflaster seine hormonellen Wirkstoffe in den Körper ab und verhindert so den Eisprung.

Vorteil: Sichere Verhütungsmethode.

Nachteil: 20 % der Anwenderinnen bekommen Hautreizungen. Verliert man das Pflaster, ist nach 24 Stunden kein Verhütungsschutz mehr gegeben.

Die Dreimonatsspritze – nur für ältere Girls

Sie wird vom Arzt in den Pomuskel gespritzt.

Wirkungsweise: Hemmt den Eisprung.

Vorteil: Sehr sicher.

Nachteil: Die Blutung kann bei längerer Anwendung aussetzen.

4cm

Der Hormonstab
– Verhütung über einen langen Zeitraum

Das ist ein 4 cm langes und 2 mm dickes Hormonstäbchen, das in den Oberarm direkt unter die Haut platziert wird.

Wirkungsweise: Das Stäbchen gibt drei Jahre lang eine entsprechende Hormonmenge ab, die den Eisprung unterdrückt.

Vorteil: Auch geeignet, wenn man die Pille nicht verträgt. Man muss sich keine Gedanken um Verhütung machen. Bei Kinderwunsch kann es vorzeitig entfernt werden.

Nachteil: Sollte erst ab 20 eingesetzt werden.

Die Spirale – nicht für jede geeignet

Sie wird vom Arzt in die Gebärmutter eingesetzt.

Wirkungsweise: Verhindert Einnistung von einem befruchteten Ei in der Gebärmutter.

Vorteil: Hält drei bis vier Jahre.

Nachteil: Gefahr von Unterleibsentzündungen.
Es wird häufig empfohlen, sie erst einsetzen zu lassen, wenn man bereits Kinder bekommen hat.

Das Pessar – ein Gummi für Geübte

Das ist eine Gummikappe, die vom Arzt auf die Scheidengröße angepasst wird. Vor dem Sex wird sie dann selbstständig in die Scheide eingeführt.

Wirkungsweise: Verhindert Eindringen von Samen.

Vorteil: Keine Nebenwirkungen.

Nachteil: Wirkt nur, wenn es korrekt sitzt und mit samenabtötendem Gel verwendet wird. Erfordert viel Übung.

Die Pille danach – nur für den Notfall!

Diese Pille ist nämlich kein Verhütungsmittel, sondern eine Notbremse bei Verhütungspannen oder ungeschütztem Sex!

Wirkungsweise: Durch die hohe Hormongabe wird eine sofortige Blutung herbeigeführt, eine befruchtete Eizelle kann sich nicht in der Gebärmutter einnisten.

Vorteil: Gilt nicht als Abtreibung.

Nachteil: Die Pille danach muss schnell eingenommen werden. Sie wirkt am besten 24 Stunden nach der Verhütungspanne. Sie kann aber auch, bei einem herkömmlichen Präparat, bis zu drei Tage danach eingenommen werden. Die neuere Entwicklung der Pille danach hat eine Wirksamkeit bis zu fünf Tagen. Sie ist eine ziemliche Hormonbombe und darum keinesfalls häufiger anzuwenden!

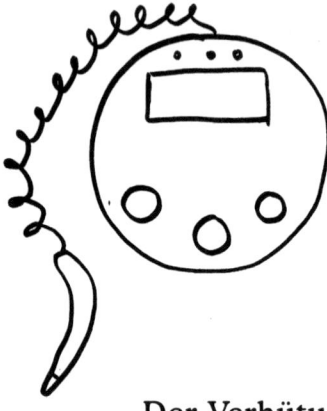

Der Verhütungscomputer
– Kombi von Technik und Natur

Ein elektronisches Gerät, das die fruchtbaren und unfruchtbaren Tage misst. Für diese Methode muss der Zyklus sehr regelmäßig sein. Es ist für junge Mädchen deshalb eher ungeeignet.

Coitus interruptus – Methode für Loser

Coitus interruptus, der unterbrochene Geschlechtsverkehr, ist Wahnsinn! Dabei wird der Penis kurz vor dem Samenerguss aus der Scheide gezogen. Warum diese Verhütungsmethode so extrem unsicher ist? Weil bereits vor dem Samenerguss Flüssigkeit aus dem Glied austritt, in der Samenfäden enthalten sein können. Außerdem ist es der absolute Lustkiller. Denn beide müssen beim Sex immer nur daran denken, dass es hoffentlich klappt!

46 %
aller Mädchen zwischen 14 und 18 halten die Pille für sicher

Alles über die Pille

KATJA, 14 Sind künstliche Hormone schädlich?

Nein. Moderne Pillenpräparate enthalten nur so viele Hormone
wie nötig, damit sie eine Schwangerschaft zuverlässig verhindern.
Die Pille gibt es seit 40 Jahren, sie ist ständig verbessert worden
und sie ist heute auf Grund der niedrig dosierten Hormone viel
verträglicher als früher.

TINE, 14 Wie wirkt die Pille überhaupt?

Die Pille wirkt dreifach:

1. Sie verhindert, dass ein Ei heranreift. Dadurch kommt es zu
keinem Eisprung, eine Befruchtung ist unmöglich.

2. Sie verfestigt den Schleimpfropf im Gebärmutterhals, Samenzellen können nicht mehr in die Eileiter aufsteigen.

3. Durch die künstlichen Hormone wird weniger Gebärmutterschleimhaut aufgebaut. Das ist der Grund, warum die Regelblutung durch die Pilleneinnahme schwächer wird.

CLARA, 15 Vergisst man nicht leicht die Einnahme?

Das kann natürlich passieren. Die regelmäßige Einnahme ist
Teil einer verantwortungsvollen Verhütung. Kleine Hilfe: Kleb
dir die Pillenpackung auf einen Gegenstand, den du jeden
Morgen zur Hand nimmst, lass dich von deinem Handy erinnern
oder steck sie ins Portemonnaie, damit du sie im Notfall – und bei
spontanen Übernachtungen – immer dabeihast.

JANA, 13 Kann ich die Pille schon mit 13 nehmen?

Jein. Normalerweise muss ein Mädchen 14 Jahre alt sein, erst dann kann der Frauenarzt die Pille verschreiben. Schließlich ist Sex laut Gesetz erst ab 14 Jahren erlaubt. Aber angenommen, du hast einen festen Freund und deine Mutter begleitet dich zum Frauenarzt, weil sie damit einverstanden ist, dass du die Pille nimmst, dann kann der Arzt eine Ausnahme machen. Wenn du deine Periode hast, entsprechend entwickelt bist und der Arzt dich reif genug für die Pille hält, kann er sie dir verschreiben.

BIRGIT, 15 Was ist, wenn ich mal eine Tablette vergessen habe zu schlucken?

Dann unbedingt beim Sex zusätzlich mit Kondom verhüten. Es kann sein, dass es zum Eisprung kommt. Die Tabletten aus der Packung trotzdem bis zum Ende weiter nehmen. Mit Beginn der neuen Pillenpackung bist du wieder sicher geschützt.

NINA, 15 Mit der Pille die Tage verschieben – geht das?

Jein. Bei einer gängigen Pille nimmst du zwei Packungen, ohne Pause, durch. So setzt ein Mal die Periode aus. Achtung: Es gibt Pillen, bei denen das nicht ohne weiteres möglich ist, zum Beispiel bei mehrstufigen Präparaten, die nicht durchgehend gleich dosiert sind.

LENA, 15 Schützt die Pille vor AIDS?

Nein! Einziger Schutz vor AIDS ist das Kondom.

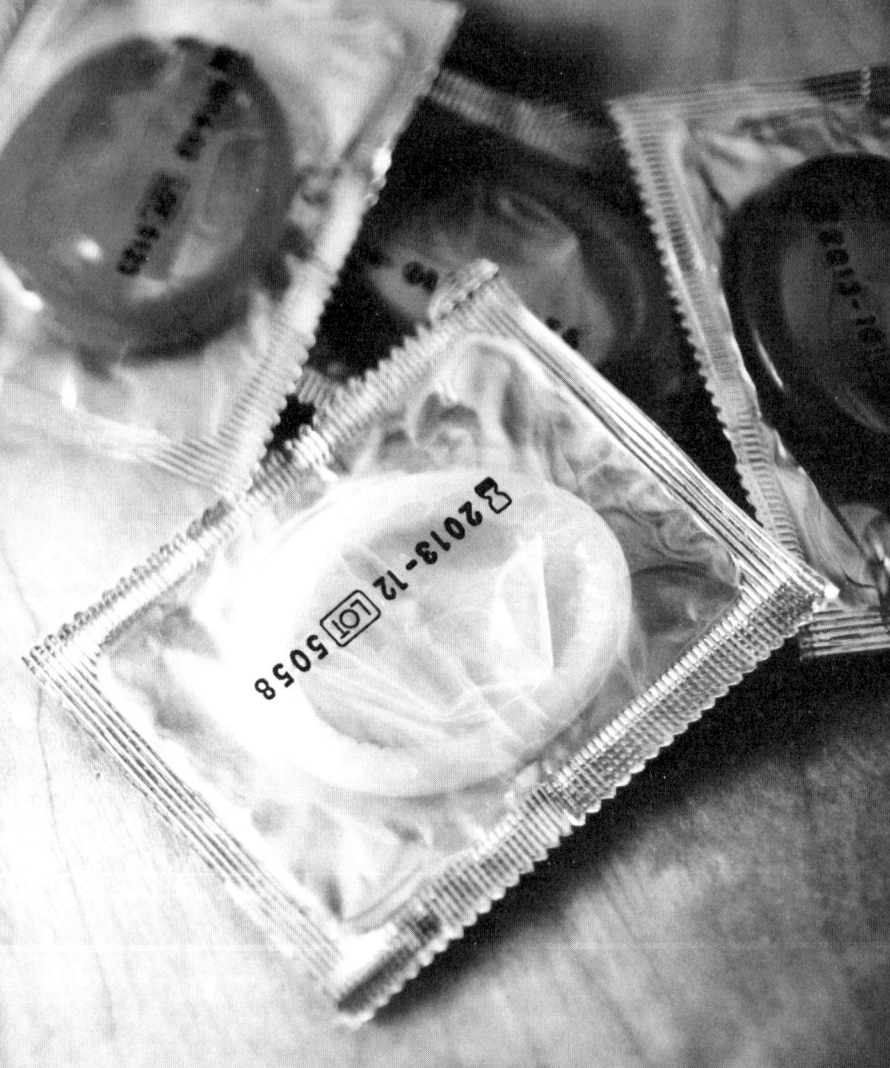

77 %

aller Singles auf der ganzen Welt benutzen Kondome

Alles über Kondome

Kondome sind nicht nur Jungs-Sache. Mach dich fit! Nicht wenige Jungen sind echte Kondom-Muffel und erzählen Horrorstorys, warum sie kein Kondom benutzen können. Und Kondome sind der einzige Schutz vor AIDS.

SABINE, 15 Ich habe gehört, Kondome sind nicht so sicher wie die Pille.
Klar ist Pille plus Kondom die optimale Verhütung. Aber grundsätzlich gilt: Markenkondome richtig angewendet haben eine hohe Sicherheit. Wenn du Kondome im Drogeriemarkt oder in der Apotheke kaufst, achte darauf, dass sie das DLF-Symbol tragen. Dieses Zeichen ist die Garantie, dass die Marke von der neutralen»Staatlichen Materialprüfanstalt« überprüft worden ist. Achte außerdem auf das Haltbarkeitsdatum. Zieh Kondome nicht aus irgendwelchen Automaten, denn sie sind dort der Witterung ausgesetzt. Kondome nicht im Geldbeutel oder in der engen Jeans aufbewahren, sie können von der Reibung kaputtgehen. Sie sollten geschützt aufbewahrt werden, beispielsweise in einer Schublade.

ELISA, 15 Wie wird ein Kondom überhaupt angewendet?
Jedes Kondom hat oben ein Reservoir, eine kleine Spitze, in der der Samen aufgefangen wird. Das Kondom auf die steife Penisspitze aufsetzen, das Reservoir mit Daumen und Zeigefinger vorsichtig zusammendrücken, damit die Luft entweicht, dann das Kondom vorsichtig über dem Penis abrollen. Keine Panik, wenn er schlaff wird, das ist die Nervosität. Macht eine Pause – und beginnt mit einem neuen Kondom noch einmal von vorn. Tipp: Die Sache mit dem Kondom schon beim Petting üben.

KIM, 15 Mein Freund sagt, Kondome fühlen sich so künstlich an. Wie soll ich reagieren?

Diese Vorstellung ist wohl eher eine Kopfsache, dass »etwas« zwischen euch ist. Kondome sind sechsmal dünner als die Haut! Die hauchdünne Gummischicht auf dem Penis stört kein bisschen beim Sex. Wirkliche Störfaktoren beim Sex sind hingegen Angst vor Schwangerschaft, Heimlichkeiten, weil die Eltern die Pille verbieten, oder fehlendes Vertrauen, um mit dem Freund über geeignete Verhütung zu sprechen.

PAULA, 14 Was tun, wenn das Kondom reißt?

Wenn ein Junge noch wenig Übung mit dem Kondom hat, kann es schon beim Aufreißen der Packung oder beim Überziehen passieren, dass der Gummi leicht beschädigt wird. Das Loch im Kondom bemerkt man dann erst nach dem Sex. Samenflüssigkeit kann aber auch in die Scheide gelangen, wenn der Junge den Penis nach dem Samenerguss nicht gleich aus der Scheide zieht. Nach dem Höhepunkt wird das Glied nämlich wieder schlaff, das Kondom sitzt zu locker, Samenflüssigkeit kann ausfließen. Sollte tatsächlich Samen in die Scheide gekommen sein, bitte sofort zum Frauenarzt gehen. Am Wochenende auch in die Notaufnahme eines Krankenhauses. Für solche Notfälle gibt's die Pille danach.

UTA, 14 Wie ernst ist die AIDS-Gefahr für Jugendliche wirklich?

Sehr ernst! Viele Jugendliche unterschätzen die Gefahr, weil sie denken, AIDS betreffe sie nicht. Das ist falsch. Mit dem HI-Virus kann sich jeder infizieren, der sich nicht schützt. Dass sich angeblich nur Homosexuelle und Fixer anstecken, ist ein großer Irrtum!

JULIE, 14 Und wenn doch etwas passiert: Kann man auch ohne Einwilligung der Eltern abtreiben lassen?

Ganz wichtig ist, dass erst einmal beim Frauenarzt gecheckt wird, ob du wirklich schwanger bist. Ein gekaufter und selbst durchgeführter Schwangerschaftstest reicht da nicht aus. Sollte der Super-GAU passiert sein, wende dich an eine Beratungsstelle, wie zum Beispiel pro familia (www.profamilia.de), du findest im Internet eine Einrichtung in der Nähe deines Wohnortes. Ab 16 Jahren braucht man für eine Abtreibung keine Einwilligung der Eltern mehr. Ist man jünger, liegt das im Ermessen des Arztes. Er muss entscheiden, ob du dir über die Folgen deines Handelns im Klaren bist. Der Eingriff selbst darf laut Gesetz nur vorgenommen werden, wenn seit der Empfängnis nicht mehr als zwölf Wochen vergangen sind. Auch wenn du Angst hast, solltest du auf jeden Fall deinen Eltern davon erzählen. Selbst wenn sie in der ersten Aufregung entsetzt sein sollten, werden sie dir helfen und du wirst in dieser Situation ihre Hilfe brauchen. Tipp: Die Seite www.abtreibung-web.de gibt Infos und Hilfe für ungewollt Schwangere.

BABS, 14 Was ist AIDS überhaupt?

Der Begriff AIDS ist die Abkürzung der englischen Bezeichnung »acquired immune deficiency syndrome«, was erworbener Immundefekt bedeutet. AIDS ist eine chronische, lebensbedrohliche Krankheit, die durch das HI-Virus (HIV) verursacht wird. Das HI-Virus schädigt oder zerstört vor allem die Zellen, die für die Abwehr von Krankheiten verantwortlich sind. Den Ausbruch der Krankheit nennt man AIDS. Im fortgeschrittenen Stadium bricht das Immunsystem komplett zusammen und der Erkrankte kann bereits an einer Erkältung sterben.

LISA, 14 Wie steckt man sich mit HIV an?

Am häufigsten wird das Virus beim ungeschützten Sex übertragen. Für Frauen ist das statistisch doppelt so gefährlich wie für Männer. Durch kleine Verletzungen im Scheidenbereich (durch Pilze und andere Bakterien) kann mit HIV infizierte Samenflüssigkeit in die Blutbahn des Mädchens gelangen. Ist ein Mädchen mit HIV infiziert, sind Scheidenflüssigkeit und Menstruationsblut ansteckend. Ebenfalls ansteckend ist infiziertes Blut, das aus offenen Wunden kommt.

JUTTA, 15 Wird HIV beim Küssen übertragen?

Nein. Das Virus wurde zwar im Speichel, auch im Schweiß, in Tränenflüssigkeit, Urin und Kot nachgewiesen, jedoch in sehr geringer Menge, die nicht für eine Ansteckung ausreicht, auch dann nicht, wenn es kleine Wunden im Mund gibt oder die Lippen eingerissen sind. Weltweit ist kein einziger Fall bekannt, bei dem eine Infektion über diese Körperflüssigkeiten passiert ist. Keine Ansteckungsgefahr besteht deshalb beim Umarmen, Anhusten, Händeschütteln, auch nicht beim Benutzen derselben Gläser, Bäder, Toiletten.

KIRI, 14 Was ist Safer Sex?

Auf AIDS folgte in den 80er-Jahren auch Safer Sex – geschützter Sex. Gemeint sind Sexpraktiken und Verhaltensweisen, bei denen man sich nicht mit AIDS oder anderen sexuell übertragbaren Krankheiten anstecken kann: Kuscheln, Küssen, Streicheln – und Sex mit einem Kondom. Denn das HI-Virus ist durch den Samen, die Scheidenflüssigkeit oder Blut übertragbar. Es gilt also, keine Körperflüssigkeiten von einem Körper in den anderen gelangen zu lassen.

Besuch beim Frauenarzt oder: Is' was, Doc?

Frauenarzt – für viele Girls noch immer eine totale Horror-Vorstellung. Das muss aber nicht sein. Hier erfährst du, was dich erwartet, damit du das erste Mal beim Frauenarzt ohne Angst erlebst.

HELLA, 15 Mann oder Frau?

Wie finde ich einen guten Arzt/eine gute Ärztin?
Entscheide nach deinem Gefühl, ob du lieber zu einem Arzt oder einer Ärztin gehen möchtest. Vielleicht geht deine Mutter schon seit Jahren zu einem guten Arzt und begleitet dich zum ersten Besuch. Wenn du gerade das nicht willst, dann frag eine Freundin, ob sie das erste Mal mitkommt. Schau im Internet unter Gynäkologen/Gynäkologinnen nach (das ist der Fachausdruck) und such dir eine Praxis in deiner Nähe. Einige pro-familia-Beratungsstellen bieten spezielle Sprechstunden für Jugendliche an.
Wichtig: Solltest du dich trotz allem beim ersten Besuch unwohl und schlecht aufgehoben fühlen, such dir eine andere Praxis. Ein optimales Verhältnis kann sich nur bei gegenseitigem Vertrauen entwickeln.

JULE, 15 Was muss ich vor dem Termin beachten?
Melde dich telefonisch an, frag, ob du mit längeren Wartezeiten rechnen musst, und sag der Sprechstundenhilfe, dass du zum ersten Mal kommst. Dann kann sie mehr Zeit für dich einplanen. Schreib dir deine Fragen auf einen Zettel, in der Aufregung vergisst du vielleicht, was du wissen wolltest. Notiere auch, in welchen Abständen deine Tage gekommen sind und wann die letzte Periode war. Bist du bei deinen Eltern pflichtversichert, hast du eine Krankenkassenkarte, die darfst du zum Termin nicht vergessen. Bist du privat versichert, bekommen deine Eltern die Rechnung zugeschickt. Wenn du das nicht willst, sag der Sprechstundenhilfe, dass du gleich bar bezahlen möchtest. Frag nach, wie viel es sein wird – Ärzte nehmen unterschiedliche Tarife. Und noch etwas: keine übertriebene Intim-Pflege vor der Untersuchung. Es reicht, wenn du dich normal wäschst.

TINKA, 14 Kann ich ohne Wissen der Eltern hingehen?
Ja. Wenn du 14 Jahre alt bist, fällst du unter die ärztliche Schweigepflicht. Neugierige Eltern bekommen keine Auskunft darüber, weshalb du in der Praxis gewesen bist.

FRIEDY, 15 Was wird man mich fragen?
Du wirst nach der letzten Periode gefragt, ob die Tage regelmäßig sind (das hast du dir ja bereits alles vor dem Termin notiert), nach früheren Erkrankungen oder Beschwerden und nach sonstigen Wünschen. Dann bist du an der Reihe: Nimm deinen Spickzettel und frag alles, was du wissen willst, zum Beispiel über Verhütung oder ob der Busen noch wachsen wird. Zu diesem Gespräch kannst du auch zur Unterstützung deinen Freund oder deine Freundin mitnehmen. Untersuchen wird dich der Arzt natürlich alleine.

CLAIRE, 15 Muss ich unbedingt auf diesen
schrecklichen Stuhl?

Nein. Ein einfühlsamer Arzt wird bei einem jungen Mädchen,
das noch Jungfrau ist, eine Ultraschalluntersuchung von außen
durch die Bauchdecke vornehmen. Auf einem Bildschirm kann
man dann die inneren Organe sehen. Oft wird beim Erstbesuch
die Pille einfach so verschrieben und eine Untersuchung erfolgt
später, wenn du ein neues Rezept brauchst.

BELLA, 14 Finger in die Scheide – werde ich wirklich
so abgetastet?

Bei der Tastuntersuchung streift der Arzt dünne Plastikhand-
schuhe über, dann wird ein Finger in die Scheide eingeführt,
mit der anderen Hand wird von außen durch die Bauchdecke
die Blase, die Gebärmutter sowie der rechte und linke Eierstock ertastet. Oder es wird ein sogenanntes »Spekulum« in die
Scheide eingeführt, ein trichterförmiges Instrument, das ein
bisschen aussieht wie ein Entenschnabel. Damit kann der Arzt
den Muttermund betrachten.

ISABEL, 14 Tut die Untersuchung weh?

Nein. Versuche dich zu entspannen, dann tut's nicht weh. Und
wenn doch, dann sag es dem Arzt bitte. Ein netter Arzt wird dir
auch immer genau erklären, was er gerade tut.

ANJA, 15 Sieht der Arzt, ob ich noch Jungfrau bin
oder mich selbst befriedige?
Wenn du auf dem gynäkologischen Stuhl sitzt, öffnet sich dein
Schambereich. Denn der Stuhl ist mehr wie eine Liege, bei der
die Beine links und rechts auf eine Beinstütze gelegt werden.
So kommst du in eine Grätsch-Haltung und der Arzt kann sich
Schamlippen, Scheideneingang und -inneres ansehen. Ob das
Jungfernhäutchen noch intakt ist, kann man erkennen. Nicht
aber, ob du dich selbst befriedigst.

SONJA, 15 Teenager-Sprechstunde: Was ist das genau?
Das ist eine offene Sprechstunde, die einige Frauenärzte nur
für junge Mädchen anbieten. Ohne Anmeldung und Wartezeit
kannst du mit Freund, Freundin oder der ganzen Clique in der
Praxis anrücken. Der Arzt zeigt euch die Räume, erklärt die ver-
schiedenen Untersuchungsgeräte, ihr könnt auf dem gefürchte-
ten Untersuchungsstuhl Probe sitzen und ihr könnt alles fragen,
was ihr wissen wollt.

MIRI, 14 Wann muss man denn unbedingt zum Frauenarzt?
- ♥ Wenn du die Pille verschrieben haben möchtest.
- ♥ Bei Schmerzen im Unterleib.
- ♥ Wenn du mit 16 noch keine Periode hast.
- ♥ Wenn die Periode über Wochen ausbleibt.
- ♥ Bei ständigen, unregelmäßigen Blutungen.
- ♥ Bei Jucken und Brennen im Scheidenbereich.
- ♥ Bei starkem Ausfluss. Normalerweise ist er weiß bis gelblich
  und fast geruchlos. Riecht er übel und verfärbt sich, kannst
  du eine Infektion oder Geschlechtskrankheit haben.

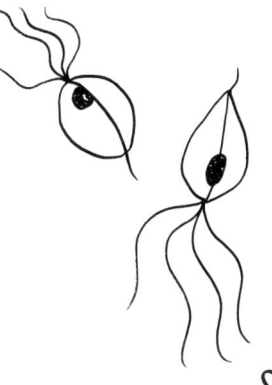

RIA, 15 Was sind die häufigsten Infektions- und Geschlechtskrankheiten?

Scheidenentzündung
Auslöser: Stress, geschwächtes Immunsystem, Medikamente wie Antibiotika. Anzeichen: Brennen und Jucken der Scheide, farblich veränderter Ausfluss.

Pilze
Ansteckung: Toiletten, Schwimmbad, Sauna, beim Sex. Anzeichen: quälender Juckreiz am Scheideneingang und den Schamlippen. Brennen beim Wasserlassen.

Chlamydien
Ansteckung: Toiletten, Whirlpool, beim Sex. Anzeichen: heller Ausfluss, Brennen beim Wasserlassen und beim Stuhlgang, Schmerzen beim Sex.

Trichomonaden
Ansteckung: feuchte Textilien, Badeanzug, fremde Handtücher und Waschlappen. Anzeichen: Juckreiz, stark gerötete Haut an Schamlippen und Scheideneingang, übel riechender Ausfluss.

Tripper
Ansteckung: ausschließlich beim Sex. Anzeichen: brennende Schmerzen beim Wasserlassen, grünlich-gelber Ausfluss, leicht entzündeter Scheideneingang.

Das erste Mal

14,6 Jahre ist im Durchschnitt ein Mädchen alt,
wenn sie laut unserer großen MÄDCHEN-Umfrage
den ersten Sex erlebt, der Freund ist zwei Jahre
älter. Aber keine Panik: Das ist nur eine Statistik!
Vorher aufgeregt sind beide – sie und er.

»Soll ich oder soll ich nicht?« Diese schwanken-
den Gefühle kennt jedes Mädchen, kaum eine sagt
zu 100 % Ja zum ersten Sex. Auch wenn die Sehnsucht danach riesengroß ist, so bleibt immer noch
ein Restchen Angst vor dem neuen Erlebnis. Die
Entscheidung liegt allein bei dir! Wenn du zu 55 %
Ja sagen kannst und zu 45 % ein Nein in dir spürst,
so ist das total okay. Lass dich nicht drängen und
auch nicht vom Freund überreden. Lies, welche
Ängste und Fragen andere Mädchen vor dem ersten
Mal haben.

VRENI, 14
Tut es weh, wenn das Jungfernhäutchen reißt?
Manche spüren ein leises Ziepen, wenn der steife Penis eindringt und das Jungfernhäutchen reißt, anderen tut's richtig
weh. Grund für Schmerzen ist aber nicht das Jungfernhäutchen, das ist äußerst dehnbar. Weh tut es dann, wenn man zu
aufgeregt ist und sich unwillkürlich die Muskeln am Scheideneingang verkrampfen. Dein Freund sollte dann nur vorsichtig
mit seinem Glied so weit eindringen, wie es geht. Oder gar
nicht und ihr kuschelt nur!

XENIA, 15 Wird es bluten?
Nicht unbedingt. Nur bei jedem zweiten Mädchen blutet es
beim ersten Mal. Grund: Ist die Öffnung des Jungfernhäutchens
groß genug, wird es nicht bluten. Hat das Hymen eine kleinere
Öffnung, gibt es Einrisse und kann leichter zu Blutungen kommen. Legt einfach vorsichtshalber ein Handtuch unter.

ALINA, 15 Welche Stellung ist die beste?
Die Missionarsstellung. 85% erleben so ihr erstes Mal. Das
Mädchen liegt mit gespreizten Beinen auf dem Rücken, die Knie
leicht angewinkelt, der Junge liegt über ihr und stützt sich mit
den Ellbogen ab. In dieser Stellung könnt ihr euch angucken
und streicheln.

KATIE, 15 Werde ich zum Orgasmus kommen?
Beim ersten Sex wirst du kaum zum Höhepunkt kommen. Dein
Freund wird nämlich vor lauter Aufregung ziemlich schnell
nach dem Eindringen seinen Samenerguss haben. Deine Lust-
quelle, der Kitzler, wird vom Penis nicht berührt. Mit wachsen-
der Erfahrung werdet ihr herausfinden, wie ihr diesen heißen
Lustpunkt beim Sex zusätzlich streicheln könnt, damit du einen
Höhepunkt erlebst.

ZOE, 14 Was ist, wenn ich nicht feucht genug werde?
Dann kann der Penis nicht eindringen. Dein Körper produziert
bei sexueller Erregung automatisch Gleitflüssigkeit, damit der
Penis leicht in die Scheide hineingleiten kann. Ist die Scheide
trotzdem zu trocken, helfen ein feuchtes Kondom oder Gleitgel.

DANIELA, 15 Kann ich beim Sex etwas falsch machen?
Falsch oder richtig gibt's nicht beim Sex! Man macht Erfahrungen,
bei denen nur eines wichtig ist: »Das gefällt mir« oder »Das mag
ich nicht«.

Glaub bitte nicht, dass Jungs vor
dem ersten Sex so cool sind, wie
sie oft vorgeben. Jeder Junge
hat eigene Ängste. Hier sind die
Antworten auf häufig gestellte
Jungsfragen für dich, damit du
ihn besser verstehen kannst.

JAN, 15 Was ist, wenn ich keinen hochkriege?
Es kann sein, dass vor lauter Aufregung, Erwartungsdruck und
Nervosität der Penis gar nicht richtig steif wird. Sex ist dann
unmöglich. Zeig als Freundin Verständnis und kuschelt bis zum
Umfallen.

KAI, 14 Wird mein Glied in ihre Scheide passen?
Über ihren Body machen sich Jungs nur halb so viele Gedanken
wie Mädchen. Die größte Jungs-Sorge ist der Penis. Die meisten
finden ihn zu klein oder zu dünn, ein paar denken auch, er sei
für die Scheide zu groß und zu dick. Bitte gib keinen negativen
Kommentar über sein bestes Stück ab, das killt deinen Freund.
Und wenn du spürst, dass er beim Einführen seines Penis
unsicher ist, dann hilf ihm – und zeig mit deinen Händen den
Weg.

JOE, 15 Wie soll ich mich in ihrer Scheide bewegen?
Mit abwechselnd flachen und tiefen Stößen bewegt der Junge
seinen Penis in der Scheide vor und zurück. Du kannst ihm
dabei »entgegenkommen«, wenn du dein Becken mit ihm im
Takt bewegst.

LEO, 15 Was ist, wenn ich zu schnell einen
Samenerguss kriege?
Fast jeder Junge hat seinen Samenerguss schon nach ein paar
Bewegungen in der Scheide. Weil er sexuell unter Höchstspan-
nung steht, mega aufgeregt ist und weil er erst lernen muss,
seinen Samenerguss hinauszuzögern. Für ihn ist das oft die
Katastrophe. Bedaure ihn nicht zu sehr, ermutige ihn lieber
zu einer zweiten Runde. Denn nach einer kurzen Pause ist er
wieder fit.

LENNY, 14 Und wenn sie vom ersten Mal enttäuscht ist?
Jeder Junge will ein super Lover sein! Und seine größte Angst
ist es, dass sie vom ersten Mal enttäuscht sein könnte. Dann
fühlt er sich als der komplette Versager. Aber du musst nicht
lügen, wenn's für dich nicht schön gewesen ist. Bring es ihm
liebevoll bei. Und überlegt gemeinsam, wie's beim nächsten
Mal schöner werden könnte.

Gründe für den ersten Sex

49 %
der Mädchen waren verliebt

20 %
wollten es endlich mal erleben

9 %
wurden dazu überredet

8 %
fanden sich alt genug

7 %
dachten, es gehöre zur Beziehung

6 %
hatten zu viel getrunken

Wie lange kanntet ihr euch davor?

60,5 %
kannten sich ein paar Monate

30,9 %
kannten sich ein paar Wochen

8,6 %
kannten sich nur ein paar Tage

Wie lange hat's bis zum zweiten Mal gedauert?

43,9 %
hatten gleich am nächsten Tag wieder Sex

35,4 %
brauchten eine lange Pause

20,7 %
machen immer noch Sexpause

SO WAR'S BEIM ERSTEN MAL

Mädchen

TANJA, 14 Bei mir hat es schrecklich geblutet. Danach hat mir mein Freund geholfen, die Flecken aus dem Laken zu waschen. Das fand ich echt lieb!

LISA, 16 Wir hatten alles geplant, mit Musik und Kerzen. Das erste Mal einen Penis in mir zu spüren war ein unbeschreiblich schönes Gefühl. Ich hab mich meinem Freund sehr nahe gefühlt.

BIANCA, 14 Mein erstes Mal passierte völlig ungeplant auf einer Fete, noch dazu ohne Kondom, und war echt enttäuschend. Mein Freund und ich hatten beide was getrunken. Zum Glück bin ich nicht schwanger geworden. Aber daran ist auch unsere Liebe kaputtgegangen.

Jungs

FRANK, 16 Ich war mit meiner Freundin über ein Jahr zusammen, über Verhütung und das erste Mal haben wir monatelang geredet. Beim Camping ist es dann passiert – und es war einmalig schön.

NIKLAS, 15 Ich war einfach nur scharf auf Sex, alle Kumpels hatten's schon erlebt. Im Feriencamp hat mich eine 16-Jährige verführt. Es war toll, aber kein Vergleich zum ersten Sex mit meiner Freundin, in die ich voll verliebt war.

BEN, 15 Kein Frust mehr! Nachdem ich beim ersten Mal nicht in meine Freundin eindringen konnte, bleiben wir jetzt erst mal beim Petting.

Ein Orgasmus ist ...

♥ ... unbeschreiblich schön.

♥ ... ein Gefühl, das man nicht beschreiben und in Worte fassen kann.

♥ ... wie eine Explosion, die man bis in die Fingerspitzen fühlt.

♥ ... wie lange Wellen, die den Körper durchströmen und danach totale Entspannung bringen.

♥ ... ein kurzer Augenblick der vollen Angespanntheit, dann die vollkommene Entspannung.

♥ ... aufregend und erregend.

♥ ... das schönste Gefühl der Welt.

♥ ... prickelnd wie Stromschläge, einfach irre.

♥ ... so, als würde ein Orkan ausbrechen.

♥ ... ein Gefühl, als ob jede einzelne Körperzelle pulsiert.

♥ ... wie fliegen: fantastisch, aufregend, prickelnd.

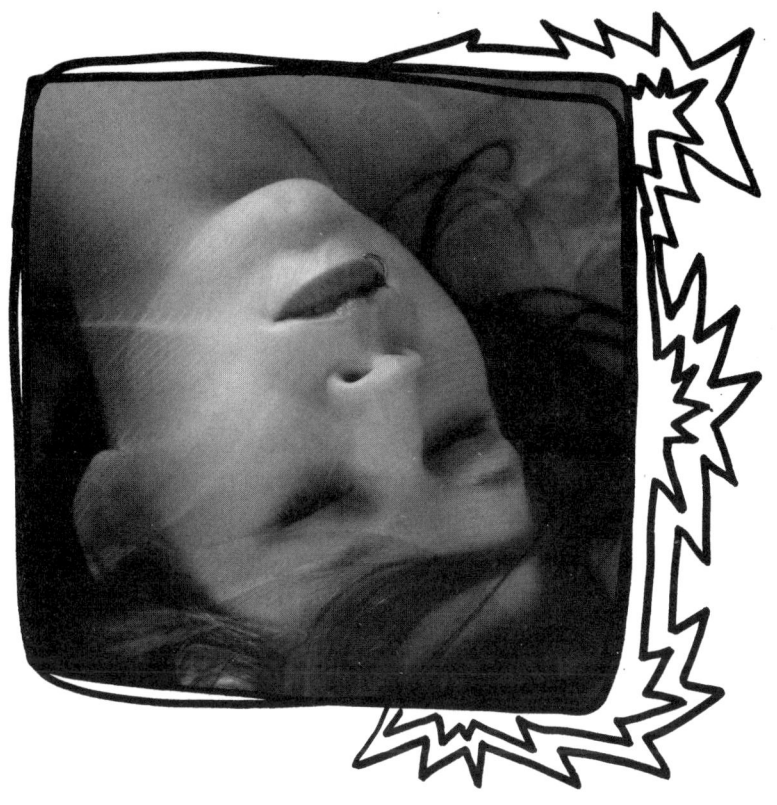

Orgasmus

Über den Orgasmus zu schreiben ist einfach.
Es ist wichtig, genau zu wissen, wie er entsteht.
Aber dieses Hochgefühl der Lust in der Realität zu
erleben ist eine ganz andere Sache. Da gibt es oft
große Schwierigkeiten und Enttäuschungen, wie du
an den nachfolgenden Fragen sehen kannst. Aber
es gibt Hoffnung: Durch Üben und Experimentieren
kann jedes Mädchen zum Orgasmus kommen.

Die vier Orgasmus-Phasen

Der Orgasmus – Gipfel der Lust und wahrscheinlich größtes Geheimnis beim Sex. Vielleicht hast du dieses Hochgefühl schon einmal erlebt, beim Petting, beim Solosex, beim Sex. Oder du träumst noch von diesem tollen Gefühl. Vielleicht bist du aber auch ein wenig frustriert, weil du vergeblich versuchst diesen Gipfel der Lust zu erleben. Hilfreich zu wissen ist, was beim Orgasmus überhaupt im Körper passiert:

Bis es zum sexuellen Höhepunkt kommt, durchläuft dein Körper vier Phasen, die bei Jungen und Mädchen identisch, jedoch von unterschiedlicher Dauer sind.

1. Erregung

Die Nähe des anderen, heiße Fantasien, zärtliches Streicheln, Küssen, auch sein Anblick oder sein Geruch lösen in dir sexuelle Erregung aus. Bei Jungs passiert das meist in Sekundenschnelle, bei Mädchen baut sich die Erregung ganz langsam auf.

2. Plateau

Wirst du weiterhin erregt, spannen sich deine Muskeln an, Puls und Atem werden schneller. Dein Körper sehnt sich nach Befriedigung und dein Verstand beginnt sich nach und nach auszuklinken. Du befindest dich jetzt in der Plateau-Phase, die bei Mädchen länger dauert als bei Jungen.

3. Höhepunkt

Der Orgasmus ist ein tranceartiges Gefühl und dauert nur
wenige Sekunden an. Glückshormone werden ausgeschüttet
und dein gesamter Organismus gerät in Aufruhr. Die Unterleibs-
muskeln ziehen sich rhythmisch zusammen. Der Junge hat
beim Höhepunkt einen Samenerguss. Hochinteressant ist, dass
kein Orgasmus sich gleich anfühlt. Mal ist er intensiv, heftig,
leidenschaftlich, mal sanft, kaum spürbar. Schließlich ist man
nicht immer gleich drauf, wenn man sich liebt.

4. Rückbildung

Danach kehrt der Körper wieder langsam in seine Ruhephase
zurück, die Erregung klingt ab. Bei dir geht das langsam, du
hättest Lust zu kuscheln. Bei Jungen fällt die Erregung nach
dem Höhepunkt steil ab, er braucht nach dem Sex seine Ruhe.

Kein Orgasmus: bin ich frigide?

Ich bin verzweifelt über mein Sexleben! Ich hab
meinen Freund verlassen, weil meine Sexualität so
unbefriedigend war. Nicht nur, dass ich nie einen
Orgasmus hatte, ich war auch nie »geil«. Ich fühle
mich richtig frigide und gefühllos. Meine Freundinnen
finden Sex ganz toll. Ich könnte echt heulen.
Werde ich nie Spaß am Sex haben?

SANDRA, 16

Liebe Sandra,
keine Panik: Es gibt wenige Naturtalente, die den Spaß am Sex
sofort entdecken. Die meisten brauchen dazu etwas länger,
und das ist normal. Zwischen 20 und 30 sind Frauen sexuell
in Höchstform. Ein wenig fies sind Deine Freundinnen schon.
Niemand, wirklich niemand hat pausenlos geilen Sex. Es gibt
immer wieder flaue Erlebnisse und Enttäuschungen. Die Sache
mit dem Orgasmus solltest Du unbedingt allein üben. Fantasiere
Dich in eine erotische Lovestory und streichle Deinen Kitzler,
irgendwann erlebst Du tolle Gefühle. Und wenn Du Dich das
nächste Mal verliebst, schraube Deine Erwartungen auf ein
normales Maß herunter.

Wir kommen beide nicht!

Ich hab vor zwei Wochen das erste Mal mit meinem Freund geschlafen, seitdem noch weitere zwei Male. Wenn er »reinwill« tut es kurz weh und irgendwie kommen wir beide nie!

ANNE, 14

Liebe Anne,
wenn Du noch nicht richtig erregt bist, ist die Scheide zu trocken. Der Penis tut dann beim Eindringen weh. Wenn Dein Freund nicht zum Orgasmus kommt, ist er zu nervös. Jungs kommen meist nach einer bis drei Minuten. Dass Du nicht kommst, ist klar: Dein Kitzler muss zusätzlich gestreichelt werden. Wie wäre es, wenn Ihr erst mal beim Petting bleiben und Euch durch Streicheln Lust schenken würdet?

Point of no Return – was ist das?

Ich habe gehört, dass es für Jungs einen Punkt gibt, an dem sie ihren Samenerguss nicht mehr zurückhalten können. Stimmt das? Wieso ist das so?

RENI, 14

Liebe Reni,
was bei Erregung in so einem Jungenkörper vor sich geht, ist wirklich interessant. Wenn die Erregung ihre höchste Stufe erreicht hat, schlägt das Herz schneller, die Hoden werden an den Körper herangezogen, die Eichel schwillt an, in der Prostata sammeln sich Samenzellen und Samenflüssigkeit an. Jetzt gibt's kein Zurück mehr – das ist der Punkt ohne Umkehr, der »Point of no Return«, an dem keine Kontrolle mehr möglich ist. Jetzt löst sich die körperliche Anspannung, indem sich mehrmals hintereinander Penis, Harnröhre, Samenleiter, Prostata und After zusammenziehen – und dann kommt es zum Samenerguss. Mit bis zu 50 Stundenkilometern werden die Samenzellen dabei herausgeschleudert. Auf die kurze Strecke schafft so eine Beschleunigung nicht mal ein Sportflitzer. Übrigens: Samenerguss und Orgasmus passieren nicht gleichzeitig. Der Orgasmus kommt schon einige Sekunden vor dem Erguss.

Ich hab den Orgasmus nur vorgetäuscht

Ich habe schon sehr oft mit meinem Freund geschlafen, aber ich bin noch nie zum Orgasmus gekommen. Den habe ich immer nur vorgetäuscht. Ich hab zwar Gefühle, wenn ich in der Reiterstellung bin, aber es passiert nichts, egal wie viel Mühe ich mir gebe. Mein Freund kommt immer, das kapier ich nicht! Was soll ich tun?

ELENA, 15

Liebe Elena,
die Natur hat es so eingerichtet, dass Mädchen schwerer zum Orgasmus kommen. Auslöser für dieses tolle Hochgefühl ist der Kitzler, und der wird beim Sex vom Penis nicht berührt. Er befindet sich nicht in der Scheide, sondern außen. Die geheimnisvolle Lustperle sitzt da, wo die kleinen Schamlippen vorne zusammengewachsen sind. Wenn Du in der Reiterstellung auf Deinem Freund hockst, kann sie leicht vom Penis berührt werden – wird aber nicht ausreichend stimuliert. Dein Freund müsste sie streicheln – oder Du selbst. Jungen kommen deshalb automatisch zum Orgasmus, weil ihr Lustzentrum die Gliedspitze ist und diese durch Stoßbewegungen in der Scheide gereizt wird. Ein Tipp: Befriedige Dich selbst und finde dabei heraus, wie Du Deinen Kitzler streicheln musst, damit Du zum Höhepunkt kommst.

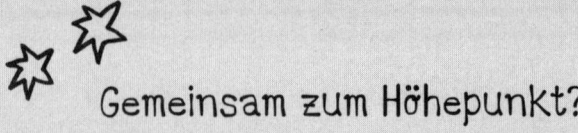

Gemeinsam zum Höhepunkt?

Mein Freund und ich haben oft Sex. Doch nur er hat regelmäßig einen Orgasmus, ich nicht. Normalerweise müssen doch beide gleichzeitig zum Höhepunkt kommen. Nur mein Freund und ich nicht! Ich will meinen Freund nicht verlieren, deshalb hab ich ihm noch nichts gesagt. Was mache ich falsch?

TINA, 15

Liebe Tina,
kann es sein, dass Du Dein Wissen aus Erotikfilmen hast? Der gleichzeitige Orgasmus passiert nur im Kino. Leider. In Wirklichkeit läuft's genauso ab wie bei Dir. Der Junge kommt nach ein bis drei Minuten zum Orgasmus, sie bleibt mit ihrer Lust auf der Strecke. Weil sie viel, viel länger braucht als er, um zum Höhepunkt zu kommen. Also hör auf, Dir Vorwürfe zu machen, Frust schadet nur der Lust. Probiert ein paar Tricks aus. Zum Beispiel kann er Deinen Kitzler schon vorher bis fast zum Höhepunkt streicheln. Und mit dem Streicheln fortfahren, wenn er mit seinem Penis eingedrungen ist. Denn was Dir vielleicht auch noch nicht so ganz klar ist: Lustquelle eines Girls ist ihr Kitzler, der liegt nicht in der Scheide, sondern dort, wo die kleinen Schamlippen oben zusammenwachsen. Vom Penis wird der bei den Sexbewegungen nicht berührt. Das macht den Riesenunterschied aus. Denn beim Jungen kommt der Orgasmus automatisch, wenn die Gliedspitze in der feuchten Scheide stimuliert wird. Dort sitzen die Nervenenden, die beim Jungen den Orgasmus auslösen.

Spüre ich seinen Samenerguss überhaupt?

Wenn ich mit meinem Freund schlafe, merke ich innerlich nie, dass er gekommen ist und einen Samenerguss hat. Er sagt, dass das immer der Fall war. Spürt man den Samenerguss überhaupt?

MARA, 15

Liebe Mara,
hoffentlich nimmst Du die Pille, denn wenn er mit Kondom verhütet, merkst Du von seinem Samen ohnehin nichts. Ob nun ein Mädchen spürt, wie sich der Samen in die Scheide ergießt, hängt auch von der Heftigkeit des männlichen Orgasmus ab. Und die ist bei jedem Jungen unterschiedlich. Manche geraten in Ekstase, andere erleben einen stillen Orgasmus. Außerdem ist das Innere der Scheide nur im vorderen Drittel empfindsam, weiter hinten gibt es keine Nervenenden – deshalb wirst Du vom Samenerguss auch wenig spüren. Sicher merkst Du an den körperlichen Reaktionen, dass Dein Freund zum Höhepunkt gekommen ist: sein Atem geht schneller, sein Körper ist total angespannt, im höchsten Augenblick der Lust ziehen sich die Beckenbodenmuskeln zusammen und sorgen dafür, dass der Samen ausgestoßen wird.

119

Wie kann mein Freund den Samenerguss zurückhalten?

Beim Sex kommt mein Freund immer ganz schnell zum Orgasmus. Er will, dass die Sache länger dauert. Wie kann er seinen Samenerguss hinauszögern?

DINA, 15

Liebe Dina,
höchster Orgasmus-Frust für viele Jungs ist, dass der Samenerguss viel zu schnell passiert. Jeder vierte hat so einen Schnellschuss schon einmal erlebt. Der Grund: Seine Hormone spielen verrückt und er hat noch nicht gelernt, den Samenerguss hinauszuzögern. Lernen kann ein Junge das Verzögern bei der Selbstbefriedigung. Er kann sich so lange stimulieren, bis er spürt, dass er kurz vor dem Samenerguss ist. Es gilt diesen Moment vor dem »Point of no Return«, dem Punkt ohne Umkehr, genau abzupassen. Dann muss der Junge mit dem Stimulieren aufhören, mit Daumen und Zeigefinger auf die Penisspitze drücken, bis die Erregung abflaut – und wieder neu stimulieren.

Langsam zum Orgasmus

Gibt es Stellungen, in denen ein Junge nicht so
schnell zum Orgasmus kommt?

BINE, 15

Liebe Bine,
ja, es gibt Möglichkeiten für einen Jungen, langsam zum
Höhepunkt zu kommen:

1. Löffelchen: Die Partner liegen seitlich, der Junge liegt hinter
dem Mädchen und schmiegt sich möglichst eng an sie. Wenn er
den Penis in die Scheide einführt, wird er nur sanft stimuliert –
was den Samenerguss hinauszögert.

2. Tandem: Der Junge sitzt und lehnt sich an die Wand, das
Mädchen setzt sich mit dem Rücken zu ihm auf sein Glied. Er
kann passiv genießen und den Orgasmus lange zurückhalten –
und ihren Kitzler streicheln.

3. Wiege: Die Partner sitzen sich gegenüber, das Mädchen legt
die gespreizten Beine über die des Jungen. Wenn er seinen
Penis in ihre Scheide einführt, können sie sich wie auf einer
Welle wiegen, er kommt dabei nicht zum Orgasmus, doch ist
ihr Kitzler zum Streicheln gut zu erreichen.

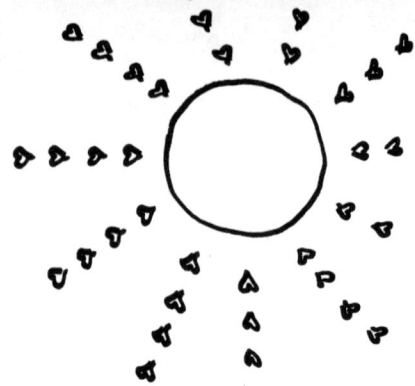

Ist Sex nur mit Orgasmus schön?

NEIN sagen 55% der Mädchen und 42% der Jungen! Sex kann auch ohne Orgasmus sehr befriedigend sein. Wichtiger als ein Orgasmus sind Liebe, Vertrauen, Zärtlichkeit, Spaß am Sex – und vor allem: keine Angst haben zu müssen, etwas falsch zu machen.

Es gibt kein Muss!

Wenn du als Mädchen darauf wartest, endlich einen Orgasmus zu erleben, dann klappt es bestimmt nicht. Du setzt dich damit unbewusst unter Druck und kannst Sex nicht genießen. Entspann dich und genieße den Augenblick.

Die »Ladehemmung«

Auch Jungs können nicht immer zum Orgasmus kommen. Etwa ein Viertel aller Jungs gibt zu, schon mal vor dem »großen Finale« gescheitert zu sein. Schuld daran können Stress, Nervosität, eine zu große Erwartungshaltung, aber auch Alkohol oder Drogenmissbrauch sein.

Die Orgasmuslüge

Für Mädchen gilt: Spiele niemals den Höhepunkt vor. Denn wie soll dein Freund lernen dich zu befriedigen, wenn du nicht ehrlich bist und ihm sagst oder zeigst, wie er's besser machen kann?

Sexy Kopfkino

Sex mit deinem Traumboy!
Du verführst einen Fremden?
Du küsst deine beste Freundin?
Du wirst vergewaltigt?
Und das alles in deiner Fantasie?! Du bist verwirrt und
verunsichert, fragst dich, ob diese heißen Gedanken
normal sind. Ja, ist die Antwort. Erotische Fantasien
gehören zur Sexualität. Diese Fantasien sind wichtig!
Ohne diese Träume wäre das Sexleben trostlos und ein
reiner Akt. Mit Hilfe dieser Fantasien kannst du deine
Sinnlichkeit entfalten, die sexuelle Erlebnisfähigkeit
erweitern. Die erotische Fantasie ist die Zündung für
sexuelle Gefühle, die immer erst durch die Vorstel-
lungskraft im eigenen Kopf entstehen. Erst die Fantasie
macht Lust auf Sex. Da kannst du dich noch so intensiv
selber streicheln, dein Freund dich küssen – es wird
nichts passieren, wenn die Fantasie nicht schon mal im
Vorfeld die Hormone in Wallung gebracht hat. Und in
der Vorstellung können die Fantasien extrem sein.

Erotische Fantasien von Mädchen

TINE, 15 Bei der Selbstbefriedigung hab ich immer die gleiche heiße Fantasie: Ich liege nackt auf einem riesigen Bett, die Härchen der Felldecke kitzeln meine Haut. Leise Schmusemusik läuft, überall brennen Kerzen. Mein Traumboy kommt mit einem exotischen Drink, hält ein Glas an meine Lippen, ich schmecke kühlen Ananassaft, er läuft mir über die Mundwinkel. Liebevoll leckt ihn mein Traumboy mit seiner Zunge ab. Sanft gleitet seine feuchte Zunge weiter über meinen Hals, meine Brüste, die Brustwarzen werden steif. Er leckt meinen Bauch, die Innenseiten der Oberschenkel, den Kitzler – und wenn ich vor Lust platzen möchte, schiebt er seinen Penis langsam, ganz langsam in meine Scheide – und ich explodiere im tollsten Orgasmus!

JANINE, 16 In meiner Fantasie bin ich von Piraten entführt worden. Meine erhobenen Arme sind an einen Mast des Schiffes gefesselt, meine Kleider zerrissen. Mir ist peinlich, dass ich halb nackt bin. Zwölf Männer starren mich mit gierigen Blicken an. Jeder darf meinen Körper anfassen, meinen Busen berühren, die Brustwarzen, meine Scheide, den Kitzler. Ich schäme mich total, weil ich immer erregter werde. Dann trägt mich der Anführer auf seinen Armen in seine Kajüte und wirft sich auf mich. Er ist so wild, dass er sofort in mich eindringt. Wir kommen beide nach kurzer Zeit zum Höhepunkt, weil wir es vor Erregung kaum noch aushalten. Danach liegen wir schweißnass und schweigend auf dem Bett und nach einer Weile lieben wir uns noch einmal, diesmal mit viel Zärtlichkeit.

CARLA, 15 Ich träume von Sex mit einem Mädchen. Ich
küsse ihre Brüste, streichle ihren Po, küsse ihre Scheide, meine
Zunge findet ihren Kitzler, und ich lecke ihn so lange sanft
und zärtlich, bis sie vor Lust laut zu stöhnen beginnt. Ein paar
Männer schauen uns zu, sie werden so erregt, dass sie über uns
herfallen und wir dann den tollsten Gruppensex miteinander
haben.

Wovon Tine, Janine und Carla träumen, ist okay. Fantasien können äußerst gewagt sein. Da gibt es keine Grenzen. Wer von sexueller Gewalt träumt, will bestimmt nicht vergewaltigt werden!
Nein, die Gewalt ist hier Sinnbild für Kraft und Vitalität, keine
Sehnsucht nach gewaltsamem Sex. Die Sehnsucht bedeutet: Ich
möchte im Sturm erobert werden. Und diese Gewaltfantasien
sind immer mit Zärtlichkeiten gekoppelt. Die Fantasie von Sex
mit Mädchen heißt im seltensten Fall, dass man tatsächlich
lesbisch ist oder sich sexuell zu Mädchen hingezogen fühlt.
Sexualität ist ein Lernprozess. Neugierde ist eine der größten
Antriebsfedern und du willst die Welt des Sex entdecken.
Die Realität setzt der Entdeckerfreude Grenzen, und das ist in
Ordnung. Die Grenzen kannst du in der Fantasie überschreiten.
Deshalb ist keine Fantasie notgeil oder pervers, sondern reine
Neugier. Ob du über deine scharfen Sexfantasien mit deinem
Freund reden möchtest, bleibt dir überlassen. Tu es, wenn du
meinst, sie könnten anregend für euer Liebesleben sein. Lass es,
wenn du glaubst, du könntest ihn damit verletzen.

Hitliste der Sexfantasien

Romantischer Sex mit dem Traumboy

Sex an ungewöhnlichen Orten

Total verruchter Sex

Aktive Rolle beim Sex übernehmen

Sex mit einem Mädchen

Spontaner Sex mit einem Bekannten/Unbekannten

Gewaltfantasien

Fesselspielchen

Sex mit einem Star

Gruppensex

84% aller Girls erleben ihren ersten Orgasmus nicht mit einem Jungen, sondern bei der Selbstbefriedigung

Heiße Sexfragen

Schon mal ausprobiert? Wenn man das Stichwort
»Sex« bei der Suchmaschine Google eingibt, bekommt
man in 0,07 Sekunden 1,7 Milliarden Ergebnisse.
Wow! Sex ist eben ein spannendes Thema mit vielen
Fragen, besonders wenn man Anfänger ist. Hier die
Antworten auf die häufigsten Fragen:

Wie lange dauert Sex?

Zwei Stunden? Dreißig Minuten? Oder reichen drei irre Minuten?
Alles ist möglich! Weil Lust, Begierde, Erregung nicht wirklich
planbar sind. Zum Sex gehört ja nicht nur das Eindringen des
Penis in die Scheide – das dauert bei den meisten Boys ohnehin
nur kurz. Aber mit der Zärtlichkeit davor (6–20 Minuten dauert
bei zwei Drittel aller Paare das Vorspiel) und dem Kuscheln
danach kann Sex endlos dauern.

Wie viel Sex ist normal?

65 % lieben sich einmal pro Woche. 4 % tun's täglich. 90 % aller
Leute denken mindestens einmal am Tag an Sex. Jungs beschäftigt dieses heiße Thema elfmal pro Tag, Mädchen sechsmal. Wie viel Sex für einen okay ist, entscheidet jeder für sich.

Gibt's den multiplen Orgasmus?

Multiple Orgasmen, mehrere aufeinanderfolgende Höhepunkte,
können 10 % aller Frauen erleben, sagt die Statistik. Möglich ist
es deshalb, weil Frauen den Orgasmusgipfel langsamer erklim-
men und dafür in dieser Phase länger verharren als Männer.
Wird der Kitzler während des ersten Orgasmus sanft stimuliert,
bleibt die Erregung und Frauen können zwei, drei Höhepunkte
nacheinander erleben.

Wie ist das mit dem vaginalen Orgasmus?

Vergiss ihn! Es wird behauptet, dass Frauen einen vaginalen Orgasmus tief im Scheideninneren spüren. Kann sein, wenn sich das Lustgefühl im ganzen Körper ausbreitet. Doch ist das Scheideninnere wenig sensibel, die Nervenenden sitzen im hochempfindlichen Kitzler. Der ist allein für die tollen Lustgefühle da.

Was ist der G-Spot?

Entdeckt hat diesen hochempfindlichen Lustpunkt der deutsche Frauenarzt Ernst Gräfenberg. Groß wie ein Eurostück soll er sich rund 5 cm vom Scheideneingang entfernt an der Vorderwand der Scheide unmittelbar hinter dem Schambein befinden. Reibung oder leichter Druck soll einen intensiven Orgasmus auslösen. Aber nicht jede Frau hat diesen Lustpunkt!

Haben Jungs auch einen G-Spot?

Männer haben diesen G-Punkt nicht, aber sie haben einen vergleichbaren sinnlichen Punkt: die Prostata, auch Vorsteherdrüse genannt, die bei der Samenproduktion mitwirkt. Sie ist im Darm durch den After zu ertasten und umschließt die Harnröhre.

Beim Sex stöhnen?

Stöhnen ist sexy! Ja. Aber nur dann, wenn's ehrlich aus deinem Bauch herauskommt. Wenn du ihm zuliebe stöhnst, weil du glaubst, es törne ihn an, kann's schnell lächerlich werden.

Oralsex: ekelt er sich vor der Scheide?

Oralsex hat mit sämtlichen Sinneseindrücken zu tun: Schmecken, Riechen, Sehen. Die Scheu, Geschlechtsteile mit dem Mund zu berühren, ist normal. Niemand sollte sich dazu zwingen. Diese Form von Sexualität erfordert Übung.

Wie viele Sexstellungen gibt es?

Mehr als 400 Stellungen gibt's im ältesten Liebesbuch der Welt, dem Kamasutra. Für viele braucht man Gummiknochen, akrobatisches Geschick oder anderes mehr, weshalb die meisten einfach nur zum Lachen reizen. Lieben kann man sich im Liegen, Stehen, Sitzen. In der Lieblingsstellung sollte man sich gut streicheln und sich angucken können – und es sollte möglich sein, den Kitzler zusätzlich zu stimulieren.

Wie schüttelt man eine Palme?

Rubbeln, einen runterholen, die Palme schütteln – meint: seinen Penis mit der Hand befriedigen. Mit einer Hand seinen Penis ganz unten umfassen, die Finger flach auf seinen Schamhaaren, der Daumen drückt auf die Peniswurzel – so bleibt sein Glied steif. Die andere Hand streicht von unten nach oben. Oben angekommen mit der Handfläche über die Eichel streicheln, dann geht's wieder nach unten. Hände mit Körperöl einreiben – das macht noch mehr Lust. Wie fest du drücken darfst? Fester, als du glaubst, aber frag bitte deinen Freund, was ihm angenehm ist.

»C6« – Cybersex: was ist das?

Unter Cybersex verstehen Experten Folgendes:

- ♥ Erotischer Chat im Internet
- ♥ Partnerbörse per PC
- ♥ Harte Nacktfotos
- ♥ Online-Striptease
- ♥ Lust-CD-ROMs

Beim erotischen Chat bestimmst du, wie weit du gehen möchtest. Manche törnen sich mit Sexgesprächen lediglich an. Andere gehen weiter und befriedigen sich währenddessen selbst – auch nach Anweisungen des jeweiligen Chatpartners.

Sexgeheimnisse

Du fühlst dich schon ganz gut aufgeklärt in Sachen Sex? Super! Ich meine aber, man kann nie genug wissen. Deshalb will ich dir noch 20 Sexgeheimnisse verraten ...

1. Spielen

Sex ist erregend, heiß – und manchmal schleicht sich ein wenig Unsicherheit ein, weil alles so neu und aufregend ist. Lachen, Herumalbern und einfach spielerisch bei der Sache sein entspannt euch.

2. Ungestört sein

Mega wichtig ist ein ungestörtes Plätzchen. Die Angst, vom kleinen Bruder, der Mama oder anderen Familienmitgliedern überrascht zu werden, ist der absolute Lustkiller.

3. Kerzen & Co.

Kuschelig sollte es sein. Kerzen machen eine tolle Stimmung. Aber frag vorher deinen Freund. Wenn er Kerzen doof findet und ihm vom Geruch der Räucherstäbchen schlecht wird, kommt keine Stimmung auf.

4. Musik

Es muss ja nicht immer Schmuserock sein. Einigt euch auf einen Sound, der euch beide antörnt!

5. Ausziehen

Nicht einfach aus den Klamotten springen. Lass dich langsam
und genussvoll von ihm ausziehen – und entblättere du ihn
Stück für Stück. Dabei immer mal eine kurze Pause machen,
um den Körperteil zu lecken und zu streicheln, der gerade
entblößt worden ist.

6. Es muss nicht immer das Bett sein

Tiefe Blicke und heiße Versprechungen beim Sport, im Kino,
beim Essen lassen's schon stundenlang vorher knistern.

7. Sahne, Eis, Nutella

30 % aller Frauen wünschen sich, dass der Freund solche
Leckereien genüsslich von ihrem Body leckt. Und wenn du's
umgekehrt bei ihm tust, findet er das sicher auch super.

8. Seine Brustwarzen

50 % aller Boys sind Nippel-Fans – die anderen 50 % reagieren
null auf diese Zärtlichkeiten. Finde heraus, was dein Freund
mag. Daran lecken oder knabbern, ziehen, kneifen kann ihn total
antörnen. Um die Brustwarzen zu erregen, reicht es, seinen
Brustkorb von außen nach innen zu massieren. Und dann mach
dich über sie her! Er wird das Gleiche sicher gern mit deinen
Brustwarzen tun.

9. Dein Hot-Point

Streichle deinen Kitzler selber oder leg deine Hand über seine,
während er dich streichelt. So kannst du seine Bewegungen
besser lenken – und es entsteht ein Gefühl von gemeinsamer
Lust. Eine weitere Möglichkeit: Du kannst laut atmen, leise Worte
der Verzückung murmeln oder stöhnen, wenn er dich an den
Stellen streichelt, die du magst.

10. Oralsex

Zungen sind feuchter, sanfter und beweglicher als Hände und
ein Penis. Diese Liebespraktik aber bitte nur dann tun, wenn
beide wirklich Lust dazu haben. Du kannst die Zungenspitze
über seine Eichel gleiten lassen, besonders empfindsam ist sie
an der Verdickung, wo sie aus dem Penisschaft herauskommt.
Und er kann an deinem Kitzler lecken und sanft daran saugen.

11. Schüchtern? Kein Problem!

Wenn du dich nicht traust, ihm zu sagen, wie und wo er dich
streicheln soll, schreib ihm einen Liebeszettel, den du ihm
schenkst oder beim Abschied in die Jeans steckst. Eine andere
Möglichkeit: Erzähl eine erotische Story, die du dir selber aus-
gedacht hast und in die du all deine Wünsche nach Streicheln
und Zärtlichkeiten hineingepackt hast. Oder erzähle ihm von
deinen Sexfantasien – es müssen nicht deine wildesten sein –
und frag ihn nach seinen.

12. Fun mit Verhütung

Verhütet ihr mit Kondom, könnt ihr das Überziehen lustvoll
mit ins Vorspiel einbauen. Du kannst es ihm liebevoll über den
Penis streifen. Aber Vorsicht: Wenn er durch all die Zärtlichkeiten
schon kurz vorm Orgasmus ist, lass ihn das Verhüterli selbst
überziehen. Sonst kann es sein, dass er durch deine sanften
Hände einen Samenerguss bekommt.

13. Ausgiebiges Vorspiel

Während sein Penis schon nach zwei, drei Minuten Streicheln einsatzbereit ist, brauchst du 20 bis 30 Minuten ausgiebige Zärtlichkeiten. Erst dann ist deine Scheide so feucht, dass sie für den Penis bereit ist. Selbst Jungs, die allein schon beim Gedanken an Sex ein steifes Glied kriegen, können nicht leugnen, dass ein langsames, erotisches Vorspiel die Empfindungen beim Sex ungeheuer steigert!

14. Wenn er schon beim Vorspiel kommt

Macht nichts! Wenn beide total erregt sind, kann das Vorspiel nach dem Orgasmus weitergehen. Und nach einer Pause ist der Junge wieder fit für eine neue Runde Sex.

15. Wenn du schon beim Vorspiel kommst

Super! Denn oft ist so ein Höhepunkt beim Vorspiel viel intensiver als der beim Sex. Und für Mädchen ist die Befriedigung mit Mund oder Hand sowieso oft die einzige Möglichkeit, zum Orgasmus zu kommen. Denn der Penis berührt beim Sex ja nicht den Kitzler.

16. Wenn es nur beim Vorspiel bleibt

Klasse! 43 % aller Männer meinen ohnehin, dass so ein Kuschel-Orgasmus total befriedigend ist.

17. Null Bock auf Sex

Sag Nein von Anfang an und hoffe nicht darauf, dass du durchs Vorspiel Lust aufs Miteinanderschlafen kriegst!

18. Das erste Mal ist nicht entscheidend

Sex hat ja nicht nur mit dem Körper zu tun, sondern mit
Zuneigung, Gefühl, Liebe, Zärtlichkeit, Geborgenheit, Wärme,
Nähe. Deshalb ist es keine Katastrophe, wenn es mit dem Penis
in der Scheide nicht so richtig klappt. Lust + Love = Erfüllung.
Das erste Mal ist nur der erste, aber nicht der entscheidende
Schritt in ein großes Abenteuer – Sex wird mit der Zeit immer
schöner und erfüllender.

19. Sexpannen? Kein Stress!

Egal, ob vorzeitiger Samenerguss oder wenn der Penis überhaupt nicht eindringen kann – in der Liebe und im Bett gibt's
keine Pannen! Gemeinsames Lachen entspannt!

20. Erotische Massage gefällig?

Eine Body-zu-Body-Massage ist echt antörnend. Beide sind
nackt und eingeölt, mit deinem eingeölten Body reibst du dich
an seinem. So eine erotische Massage kann natürlich auch
Vorspiel zum Sex sein.

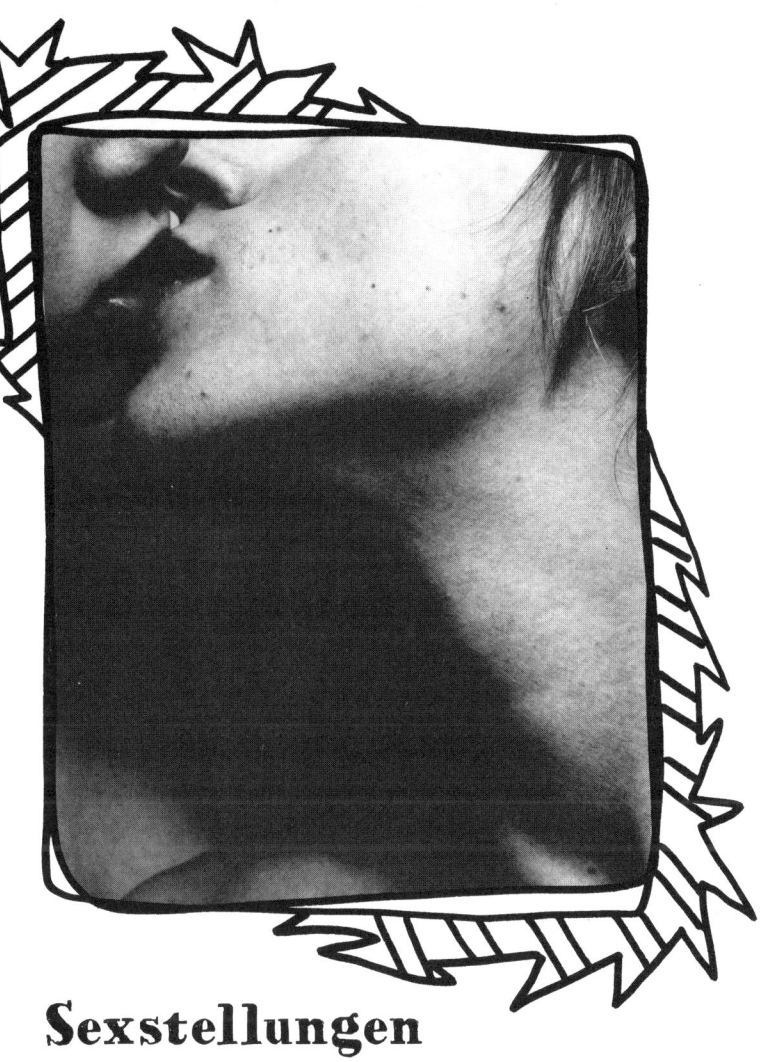

Sexstellungen

Doggystyle, Löffelchen, Reiterstellung: Was macht
echt Fun? 87 % aller Jungen und 71 % aller Mädchen
möchten beim Sex gern mal eine andere Stellung
ausprobieren. Wirklich machen solltet ihr das bitte
nur, wenn beide Lust darauf haben – und Sex bitte
nicht mit Leistungssport verwechseln.

Die 7 tollsten Stellungen

Missionarsstellung

Der Name soll von den Missionaren stammen, die in die entlegensten Kolonien zogen und dort versuchten, die Menschen zu zivilisieren. Für sie war diese Sexstellung angeblich die einzig akzeptable. Vanilla Sex, Bambi-Sex oder auch Normalstellung nennt man diese weit verbreitete und beliebte Position, bei der das Mädchen auf dem Rücken und der Junge über ihr liegt. Die beiden Partner können sich dabei ins Gesicht sehen.

Tipp: Durch Anwinkeln und Spreizen der Beine kann das Mädchen mitbestimmen, wie tief der Penis eindringen soll. Je mehr sie die Beine spreizt, desto leichter kann der Penis eindringen.

Fun für Jungs: Wenn seine Erregung zu groß wird und er den Höhepunkt hinauszögern möchte, kann er jederzeit eine kleine Pause einlegen.

Nachteil: Der Junge kann die Bewegungen seines Gliedes nicht beobachten, da die Körper eng beieinanderliegen.

Fun für Mädchen: Man kann dem Partner in die Augen schauen, sich küssen und Zärtlichkeiten zuflüstern.

Nachteil: Sie kann sich kaum bewegen.

Reiterstellung

Bei dieser Liebesstellung liegt der Junge flach auf dem Rücken, das Mädchen setzt sich auf seinen steifen Penis, mit dem Gesicht zu ihm.

Tipp: Das Mädchen kann selbst bestimmen, wie schnell und tief der Penis in ihre Scheide eindringen soll.

Fun für Jungs: Er kann passiv genießen, die Freundin dabei ansehen und ihren Busen, Po, den Kitzler streicheln.

Nachteil: Manche Jungs haben Probleme mit der eingeschränkten Bewegungsfreiheit.

Fun für Mädchen: Wenn sie ihr Gewicht nach vorne, zur Seite, nach hinten verlagert, spürt sie seinen Penis unterschiedlich intensiv. Zusätzlich kann sie ihren Kitzler streicheln.

Nachteil: Anstrengend für die Oberschenkelmuskulatur.

Doggy-Style

Die Doggy- oder Hündchenstellung heißt auf Lateinisch auch »a tergo«, was von hinten bedeutet. Das Mädchen kniet dabei auf allen vieren, der Junge hinter ihr und führt seinen Penis von hinten in die Scheide (nicht in den Anus) ein.

Tipp: Das Mädchen kann sich auch flach auf den Bauch legen und die Beine spreizen.

Fun für Jungs: Er kann seinen Penis beobachten, wie er immer wieder in die Scheide eintaucht, das ist höchst erregend.

Nachteil: Der Penis wird intensiv gereizt. Das kann zu einem schnellen Samenerguss führen.

Fun für Mädchen: Er kann zusätzlich den Kitzler streicheln oder ihren Busen massieren.

Nachteil: Man kann sich dabei nicht ansehen. Wenn der Junge mit dem Penis zu tief eindringt, können die heftigen Stöße in der Scheide wehtun.

Löffelchen

Bei dieser Liebesstellung liegen beide wie ein Löffelpaar auf der Seite, der Junge liegt hinter dem Mädchen, er schmiegt sich möglichst eng an sie und dringt von hinten in ihre Scheide ein.

Tipp: Wenn sie die Knie anzieht, das freie Bein ein wenig anhebt oder ihm den Po entgegenstreckt, kann sie ihm so das Eindringen erleichtern. Wenn sie die Beine zusammenpresst, verstärkt sie den Druck auf den Penis.

Fun für Jungs: Sein Samenerguss wird durch die sanfte Bewegung hinausgezögert.

Nachteil: Er kriegt kaum Streicheleinheiten.

Fun für Mädchen: Viel Körperkontakt. Seine freie Hand kann ihren Kitzler stimulieren, oder sie kann es selber tun.

Nachteil: Sie kann ihn nicht streicheln und sieht wenig von ihm.

Klammern

Wie bei der Missionarsstellung liegt der Junge auf dem Mädchen und dringt in die Scheide ein. Dann zieht sie ihre Beine an und umfängt ihn.

Tipp: Ein Kissen unter ihrem Po lässt seinen Penis noch tiefer in die Scheide eindringen.

Fun für Jungs: Ihr Schenkeldruck ermöglicht ein sehr enges, tiefes Empfinden.

Nachteil: Wenig Bewegungsfreiheit.

Fun für Mädchen: Diese Stellung gibt ein Gefühl innigster Vereinigung.

Nachteil: Sie kann sich nicht mit den Beinen abstützen und die gemeinsamen Bewegungen nicht mitsteuern.

Seite an Seite

Die Partner liegen beide auf der Seite und schauen sich an, sie hebt ein Bein an oder legt es um seine Hüfte, so kann er den Penis leichter einführen.

Tipp: Ideale Stellung, um miteinander zärtlich zu flüstern und zu knutschen.

Fun für Jungs: Wenn er sich mit dem Ellenbogen abstützt, kann er die Penisstöße und seinen Orgasmus steuern. Mit der anderen Hand kann er die Freundin streicheln.

Nachteil: Er kann ihren Body nicht sehen.

Fun für Mädchen: Die Stellung ist kuschelig, sinnlich, intim und bequem.

Nachteil: Man kann sich wenig bewegen.

Die Wiege

Die Partner sitzen sich gegenüber. Das Mädchen schiebt sich ein Kissen unter den Po und legt die gespreizten Beine über die des Jungen. Die beiden wiegen sich mit Druck und Gegendruck hin und her, wie auf einer sanften Welle.

Tipp: Man kann sich zwischendurch umarmen und küssen.

Fun für Jungs: Durch die geringe Reizung des Penis ist ein langes, stressfreies Liebesspiel möglich. Er kann ihren Kitzler mit der Hand gut streicheln.

Nachteil: Er kommt so kaum zum Orgasmus.

Fun für Mädchen: Sie kann lange genießen.

Nachteil: Die meiste Zeit über wenig Körperkontakt.

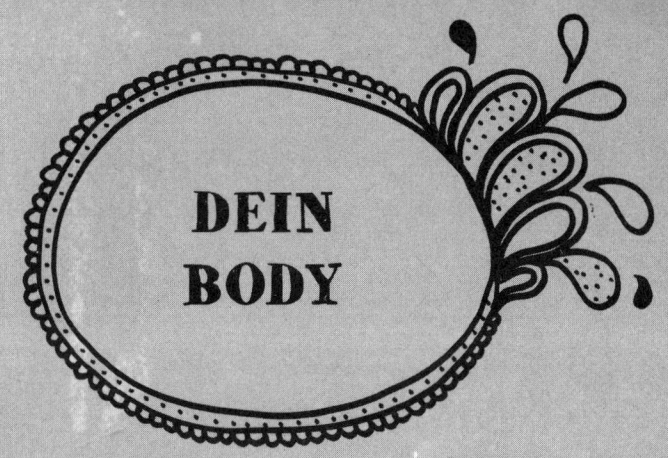

DEIN
BODY

Liebe deinen Body

Stehst du oft vor dem Spiegel und betrachtest dich
kritisch? Bist total unzufrieden mit deinem Äußeren?
Wenn das so ist, geht es dir wie vielen anderen
Mädchen auch. Denn in dieser aufregenden Zeit
entwickelt sich dein kindlicher Körper, mit dem du
bisher so vertraut warst. Er verändert sich in einer
atemberaubenden Art und Weise, die dich verunsichert. Du musst erst lernen, ihn so zu akzeptieren,
wie er ist. Denn es ist dein Körper, der einmalig
für dich erschaffen wurde. Du solltest ihn deshalb
lieben. Der Körper ist das Tollste, was wir haben.
Wozu dein Körper fähig ist und was alles in ihm
passiert, ist eine Sensation!

Dein Busen

Unglaublich: Jedes dritte Mädchen zwischen 12 und 16 Jahren mag seinen Busen nicht! Ich habe volles Verständnis dafür. Der Busen ist etwas komplett Neues. Und er ist ein sexuelles Signal, er signalisiert deine Weiblichkeit. Jungs scheinen den Eindruck zu vermitteln, dass sie einem Mädchen nur auf die Oberweite starren. Wie viel einfacher wäre es, wenn jedes Mädchen die gleichen Brüste hätte, die gleiche Form und Größe. Dann wäre allen klar, dass es damit seine Richtigkeit hat. So aber gibt's die unterschiedlichsten Busenformen und der Busen entwickelt sich bei jedem Mädchen in einem ganz anderen Tempo. Das führt dazu, dass man sich gegenseitig beäugt und total verunsichert ist. Schluss mit den Selbstzweifeln! Damit du weißt, dass du »richtig« bist, gibt's hier Antworten auf alle Busenfragen.

JANA, 13 Warum sind meine Brüste unterschiedlich groß? Ist das normal?
Ja! Das Wachstum passiert in Schüben. So wie du in bestimmten Abständen in die Länge schießt, wächst auch dein Busen. Mal entwickelt sich die eine Seite, mal die andere. Größenunterschiede gleichen sich bis zum Ende des Wachstums aus.

DANI, 14 Macht die Pille den Busen größer?
Nein! Für junge Mädchen gibt es spezielle Pillensorten, in denen eine möglichst geringe Hormondosis enthalten ist. So bleiben unerwünschte Nebenwirkungen wie Gewichtszunahme und Wassereinlagerungen im Gewebe aus.

TANJA, 14 Gibt es ein bestimmtes Alter, ab dem man einen BH tragen muss?
Nein. Wenn die kleinste BH-Größe passt, sollte man den Busen unterstützen.

HANNA, 13 »BMW – Brett mit Warzen«, spotten meine
Freundinnen. Kann ich mein Busenwachstum beschleunigen?
Vielleicht mit Busen-Wachstumscremes?
Nein. Der Busen wächst unter dem Einfluss von Hormonen,
und deren Arbeit kann man nicht beschleunigen. Deshalb
helfen Wachstumscremes null!

TINE, 12 Hilfe! Ich hab jetzt schon einen Riesenbusen!
Wächst er noch?
Jein. Ausgewachsen ist der Busen mit dem Ende der Entwicklung,
ungefähr mit 18 Jahren. Ein Busen, der gleich zu Anfang
explodiert, hört erst mal auf zu wachsen und legt später meist
nur noch wenig an Umfang zu. Aber schau mal deine Mutter
und ihren Busen an. Durch die Veranlagung kannst du eine
Tendenz erahnen.

KATI, 15 Meine Brustwarzen wachsen nach innen.
Ist das normal?
Ja. Sogenannte Schlupfwarzen, die nach innen wachsen,
sind eine Laune der Natur. Bei Kälte und sexueller Erregung
reagieren sie wie andere Brustwarzen auch: Feine Muskelfasern
in der Brustspitze ziehen sich zusammen, die Brustwarze wird
hart, richtet sich auf – und stülpt sich nach außen. So kann man
später auch ein Baby stillen.

INA, 13 Auf meinen Brustwarzen wachsen kleine schwarze Härchen! Das ist doch eklig, wenn mein Freund mich da küsst!

Nein. Du darfst die Härchen vorsichtig abschneiden. Behaarung ist reine Veranlagung.

PIA, 16 Kann ich mit 16 meine Brüste operieren lassen?

Nein! Brustvergrößerungen und -verkleinerungen sollte man erst ab 18 machen lassen, wenn der Busen ausgewachsen ist.

LAURA, 15 Mein Busen tut oft weh, besonders dann, wenn ich meine Tage bekomme. Ist das normal?

Ja! Wenn so ein Busen wächst, reagiert er empfindlich auf Berührungen. Wenn die Hormone besonders heftig arbeiten, kann der Busen vor und während der Tage auch spannen und schmerzen.

NELE, 15 Mein Busen ist winzig und ich hab deshalb Angst, mit meinem Freund zu schlafen. Jungs stehen doch auf große Busen, oder?

Nein! Jungs mögen's knackig. Deshalb ist Busenpflege wichtig (schau dir die nachfolgenden Tipps an). Und ein kleiner Busen ist genauso empfänglich für Zärtlichkeiten wie ein großer. Dafür sorgen die vielen empfindlichen Nervenenden in den Brustwarzen.

MIRIAM, 12 Meine Brustwarzen sind riesig und hellrosa. Die müssten doch dunkelbraun sein, oder?

Nein. Der Warzenhof, die Umgebung um die Brustwarze, ist bei jedem Mädchen anders gefärbt: von hellrosa bis dunkelbraun.

LENA, 16 Ich hasse BHs, habe aber einen relativ großen Busen. Meine Mutter sagt, ich werde einen Hängebusen kriegen, wenn ich keine trage. Stimmt das?

Jein. Das Wichtigste bei großem Busen sind aufrechte Haltung und Pflege!

ROMY, 12 Hilfe, in meinem Busen spüre ich einen dicken Knubbel. Ist das Krebs?

Nein! Deine Brust besteht aus Fett- und Bindegewebe sowie der Brustdrüse. Diese Brustdrüse ist manchmal wie ein Knoten oder wie eine flache Scheibe in der Brust zu spüren.

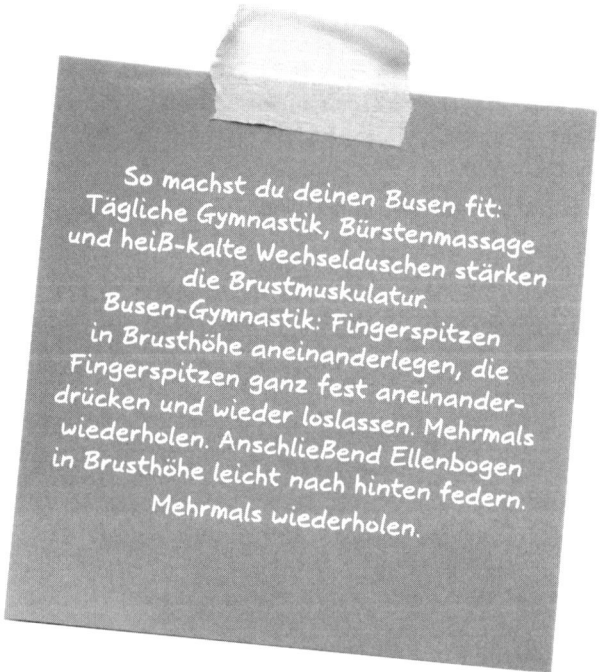

So machst du deinen Busen fit:
Tägliche Gymnastik, Bürstenmassage und heiß-kalte Wechselduschen stärken die Brustmuskulatur.
Busen-Gymnastik: Fingerspitzen in Brusthöhe aneinanderlegen, die Fingerspitzen ganz fest aneinander- drücken und wieder loslassen. Mehrmals wiederholen. Anschließend Ellenbogen in Brusthöhe leicht nach hinten federn. Mehrmals wiederholen.

5 Tipps fürs Busen-Selbstbewusstsein

♥ Stell dich vor den Spiegel und sag JA zu dir und deinem Busen.

♥ Sag NEIN zu Normvorstellungen: »Nein, ich lasse mich nicht durch scheinbar perfekte Model-Bodys aus der Fassung bringen!«

♥ Lass dich von selbstbewussten Leuten nicht täuschen. Jeder Mensch, auch wenn er nur so vor Selbstbewusstsein strotzt, hat Unsicherheiten. Das Geheimnis ist: Selbstbewusste akzeptieren ihre Schwächen.

♥ Frag andere, wie sie deinen Busen finden – und glaub ihnen, wenn sie dir Komplimente machen.

♥ Mach dir klar, dass dein Body das Tollste ist, was du hast. Er vermittelt dir schöne Gefühle und die sind wichtiger als ein perfektes Äußeres.

Dein Po

GRIT, 15 Mein Po ist zu schlaff!

VRENI, 14 Ich wünsche mir so sehr einen kleinen, knackigen Po. Auf mein dickes Hinterteil guckt doch kein Junge!

NORA, 13 Ich finde kaum passende Jeans für meinen dicken Po!

Kommt dir das alles bekannt vor? Die Problemzone Po hat viel mit Sexualität zu tun. Die meisten Mädchen sehnen sich nach einem schmalen Jeans-Po, weil sie sich, wenn auch unbewusst, mit einer fast geschlechtslosen Ausstrahlung sicherer fühlen. Einfach auch deshalb, weil sie unbewusst noch nicht weiblich sein wollen und Angst haben, mit ihrer Kehrseite die Jungs zu reizen.

Wie du deinen Po fit machen kannst

Egal, wie dein Po geformt ist, wichtig ist auf jeden Fall, ihn in Form zu halten. Rad fahren, Treppen steigen, schwimmen – jede Art von Bewegung bringt's. Gut sind auch Bürstenmassagen und heiß-kalte Wechselduschen.

Gymnastik-Tipp: Eine einfache Übung, die du heimlich im Bus, in der Schule oder beim Job machen kannst: Wo immer du stehst, kneife für einen kurzen Moment die Pobacken zusammen und lasse sie dann wieder locker. Diese Übung kannst du so oft am Tag wiederholen, wie du willst.

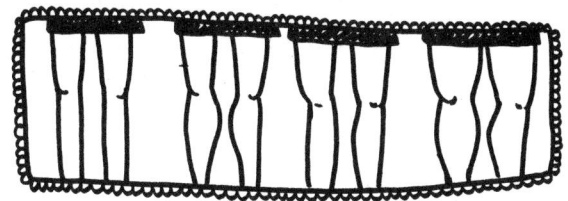

Deine Beine

Du kennst Klagen wie: »Meine Beine sind viel zu kurz!« – »Ich hab richtige Fußballerwaden!« – »Hilfe, meine Oberschenkel sind zu dick!«? Beine sind Sexmerkmale und schöne Beine törnen Männer an. Deswegen gibt es auch den Minirock, im dem sich der Po gut abzeichnet und der viel Bein zeigt. Beine unterliegen sehr häufig einem extrem strengen Schönheitsideal. Gerade sollen sie sein, nicht zu dick, schlanke Fesseln werden gewünscht, die Oberschenkel dürfen nicht zu kräftig geraten und keine Orangenhaut haben … Lass dich bitte nicht vom Schönheitsideal frustrieren. Schließe Frieden mit deinen Beinen, so wie sie sind. Und wenn du dich schön findest, passen auch die Beine zu dir. Außerdem bietet die Mode witzige Dinge wie Stulpen, Stiefel oder lange Flatterröcke, womit jedes Mädchen seine Beine schmücken kann.

Wie du deine Beine fit machen kannst

Bewegung: Wer täglich mindestens vier Stockwerke hochsteigt, kriegt keine Cellulitis.

Gymnastik-Tipp: Rad fahren ist super für die Beine. Das kannst du auch auf dem Rücken liegend im Wohnzimmer machen.

Pflege-Tipp: Gepflegte Beine sind schön. Wenn dir die Härchen lästig sind, entfernst du sie am besten mit Enthaarungscreme oder einem Rasierer, was du beides im Drogeriemarkt kaufen kannst.

Deine Scheide

Ist es nicht verrückt? Jungs sind mit ihrem Penis so vertraut wie mit ihrem Bauchnabel. Seit sie auf der Welt sind, können sie ihren Penis nämlich sehen, damit herumspielen. Deine intimen Stellen sind eher versteckt und vielleicht ist das der Grund für viele Fragen. Hier werden sie beantwortet.

Ist meine Scheide normal?

Eine von meinen Schamlippen ist fast doppelt so groß wie die andere. Ist das normal? Wie viele Löcher hat ein Mädchen eigentlich im Genitalbereich?

LILLY, 12

Liebe Lilly,
häufig entwickelt sich der Körper unregelmäßig und in Schüben, das heißt: ein Busen kann größer sein als der andere und auch die kleinen, die inneren Schamlippen können verschieden lang sein. Das gleicht sich bis zum Ende der Entwicklung wieder aus. Deine Intimregion hat drei Öffnungen: den Scheideneingang, die Öffnung am Po und über dem Kitzler ganz klein die Öffnung der Harnröhre.

Warum riecht meine Scheide so komisch?

Jungs behaupten, die Scheide riecht nach Fisch! Warum rieche ich untenherum so komisch?

Julie, 11

Liebe Julie,
führe einen Finger in die Scheide ein und riech mal daran, wenn Du ihn herausgezogen hast. Es riecht leicht fruchtig, ganz sicher aber nicht nach Fisch. Jungs sind einfach unsicher und unwissend. Die Scheide riecht anders, weil sie immer ein wenig feucht ist. Bitte verwende keine Intimsprays, die führen höchstens zu Entzündungen.

Scheidensäfte

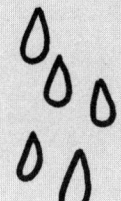

Hilfe, ich hab so starken Ausfluss, obwohl ich
schon länger meine Tage habe! Wieso?

KATIE, 15

Liebe Katie,
jedes Mädchen hat Ausfluss. Und zwar deshalb, weil die Scheide ein feuchtes Organ ist und ohnehin immer ein wenig Flüssigkeit absondert. Unter Stress kann sich Ausfluss verstärken.
Ein wenig Ausfluss ist normal und gesund. Im Laufe des Zyklus
verändert er sich. Vor und nach der Menstruation wird die
Scheidenflüssigkeit durch das Blut etwas bräunlich, riecht aber
wie sonst auch. Bis zum Eisprung ist Ausfluss glasig klar, fast
wässrig, in der zweiten Zyklushälfte wird er milchig-trüb und etwas krümelig. Scheidenflüssigkeit enthält Milchsäure-Bakterien
(Döderlein-Bakterien), die dafür sorgen, dass Krankheitskeime
abgewehrt werden. Ist das Gleichgewicht der Scheide gestört,
verfärbt sich Ausfluss grünlich und riecht übel. Pilze, Bakterien
oder Keime können die Ursache sein. Solche Krankheitserreger
können beim Sex übertragen werden, man kann sie sich aber
auch auf unsauberen Toiletten, im Whirlpool oder durch zu viel
Sauberkeit holen. Reinigt man die Intimregion mit parfümierter
Seife, kann die Bakterienflora geschädigt werden. Dann sollte
man am besten zum Frauenarzt gehen.

 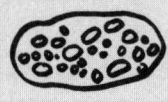 

Wie pflege ich meine Scheide?

Ich hab gehört, dass beim Waschen und Duschen kein Wasser in die Scheide gelangen darf. Warum ist das so?

PETZI, 14

Liebe Petzi,
wenn beim Duschen ein wenig Wasser in die Scheide kommt, ist das kein Drama. Was man auf keinen Fall tun sollte, sind Scheidenspülungen. Aus Angst vor Geruch spritzen sich Mädchen und Frauen häufig mit einem Gummiballon Wasser oder eine spezielle Waschsubstanz in ihre Vagina. Das bringt gar nichts und ist nur schädlich. Die Genitalien am besten mit klarem Wasser oder einer Intimwaschlotion mit Milchsäure waschen. Danach nicht rubbeln, sondern trocken tupfen. Rubbeln reizt die Schamlippen unnötig und kann die Haut rissig machen, so wird sie anfällig für Pilze und Bakterien. Daher gilt auch nach dem Wasserlassen: vorsichtig tupfen statt reiben.

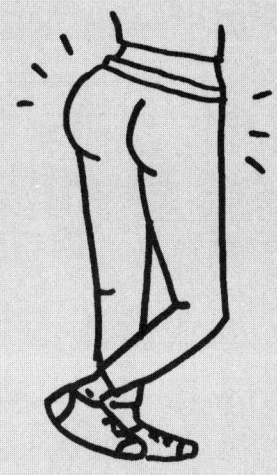

Sind enge Jeans schädlich?

Immer wieder krieg ich Stress mit meiner Mutter wegen zu enger Jeans. Sie behauptet, davon kann man Pilze bekommen. Stimmt das?

LENA, 12

Liebe Lena,
Deine Mutter hat Recht: So enge Jeans machen sicher einen tollen Knack-Po. Der Nachteil ist: sie kneifen. Und das ist nicht nur lästig, sondern auch ungesund. Hosen, die so knapp sitzen, pressen den Schambereich zusammen und drosseln so die Durchblutung. Außerdem verhindern enge Hosen die nötige Belüftung der Intimzone, was Infektionen begünstigen kann.

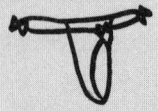  

Pilzinfektionen durch String-Tangas?

Meine Freundin trägt nur so olle Baumwollslips, weil man durch String-Tangas angeblich Pilzinfektionen bekommt. Wie kann ich meine Freundin überzeugen, dass das totaler Unsinn ist?

VRENI, 13

Liebe Vreni,
sorry, aber so Unrecht hat Deine Freundin nicht: Auch Frauenärzte empfehlen Baumwollslips und darauf zu achten, dass die Höschen nicht zu eng sitzen. Klar sehen String-Tangas sexy aus, und ab und zu so einen zu tragen ist sicher okay. Aber bitte nicht ständig. In der Tat kann beim Bewegen der schmale Stoffstreifen Bakterien und Pilze aus der Analgegend in Richtung Scheide transportieren und so Infektionen Vorschub leisten. Reibt der String Po-Ritze oder Scheide wund, können Erreger auch durch die Haut in den Körper gelangen. Und noch etwas: Synthetische Fasern fördern das Schwitzen der Haut. Gleichzeitig transportieren sie keine Feuchtigkeit ab. Als Folge stauen sich Wärme und Nässe und ergeben ein prima Infektionsklima, das Pilzsporen beim Ausbreiten hilft.

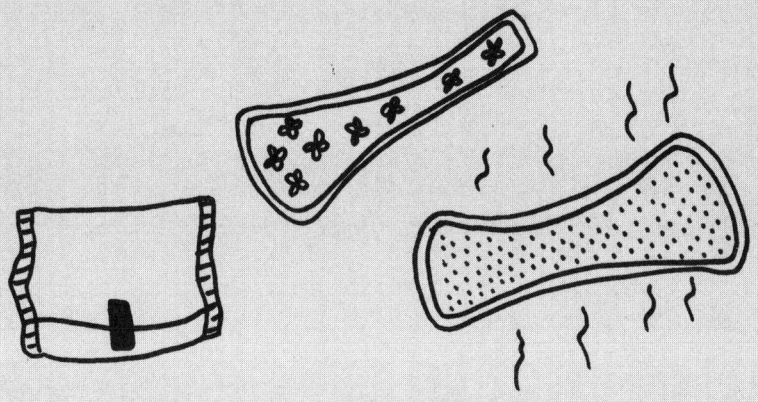

Slipeinlagen bei Ausfluss?

Ich hab immer so dollen Ausfluss und fühle mich nur mit Slipeinlage sicher. Sind solche Einlagen okay?

ALINE, 13

Liebe Aline,
natürlich sollst Du Dich wohl und sicher fühlen. Achte also bei Slipeinlagen darauf, dass sie luftdurchlässig sind. Slipeinlagen mit Kunststofffolie lösen ein ungesundes feuchtwarmes Klima aus, ähnlich wie Kunststoffslips, und können so die Entstehung von Pilzen begünstigen.

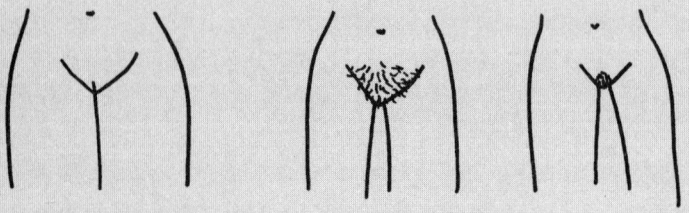

Stehen Jungs auf eine rasierte Scheide?

Soll ich meine Schamhaare rasieren?
Ich hab gehört, dass Jungs total darauf stehen!

BELLA, 14

Liebe Bella,
die Statistik sagt, dass rund ein Drittel aller Mädchen die
Schamhaare rasieren oder mit Enthaarungscreme entfernen.
Die Meinung der Jungs ist in diesem Punkt total egal. Es ist
allein Deine Entscheidung, ob Du Deine Schamhaare rasierst
oder nicht! Du sollst Dich wohlfühlen. Aber glaub mir, wenn
man so richtig verliebt ist, findet man am anderen alles toll.
Wenn Du magst, probier doch erst einmal, die Haare mit einer
Schere zu stutzen. Denn wenn Du mit dem Rasieren anfängst,
musst Du das alle zwei, drei Tage wiederholen, weil die Haare
schnell und stoppelig wieder nachwachsen. Außerdem ist
die Haut im Intimbereich mega empfindlich und Rasieren
verursacht Pickel und Hautrötungen.

Wer ist »Miss Brown«?

Jungs reden immer von Möse oder Fotze und ich frage mich, ob es nicht nettere Worte für die Scheide gibt.

JUDITH, 13

Liebe Judith,
unsere Sexsprache ist eher sachlich, wenn wir von Vagina und Scheide reden. Manchmal auch derb, wenn Du von Möse, Fotze, Loch, Luder, Fut, Steckdose, Ritze oder Büchse hörst. Richtig, dass Du über witzigere Namen nachdenken möchtest. Es gibt sie auch in der Umgangssprache: Muschel, Muschi, Paradies, Blume, Blümchen, Dattel, Feige, Höhle, Liebesbrunnen, Liebesgrotte, Lustschnecke, Liebesspalte, Nadelöhr, Pfefferhäuschen, Puderdose, Spieldose, Venusbergwerk, Vesuv, Pussi, Wundertüte, Fitschigogerl, kleine Schwester, Löwenhöhle, Mandel, Pflaume, Hummel und nicht zuletzt: Wie gefällt Dir Miss Brown?

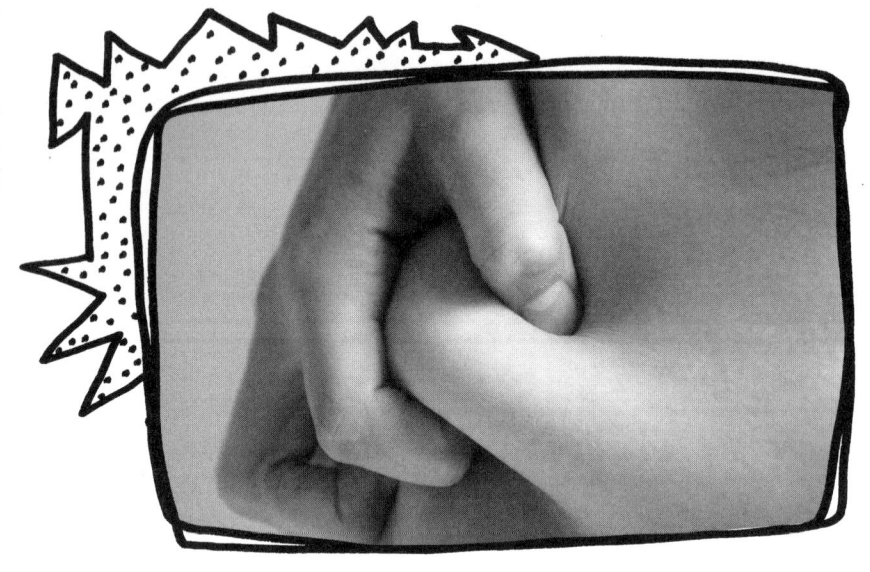

Zu dick, zu dünn?

Ich weiß, wie wichtig euch Figur und Gewicht
sind, die Briefe zeigen nur einen kleinen Ausschnitt
der vielen Zusendungen zu diesem Thema. Über
Essstörungen könnte ich ein dickes Buch schreiben.
Magersucht, Bulimie und Fresssucht möchte ich
aber hier nicht vertiefen, weil ich weiß, dass ihr
euch ohnehin schon genügend mit Essen, Gewicht
und eurer Figur beschäftigt. Und eine massive Essstörung gehört in fachliche Hände. Denn es handelt
sich dabei um eine Sucht, und um davon loszu-
kommen, braucht man professionelle Hilfe.

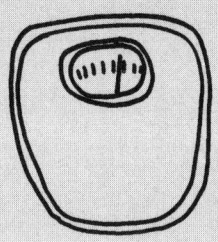

Hilfe, ich bin zu fett?

Ich wiege knapp 45 Kilo und bin 1,55 m groß
Bin ich etwa zu fett? Bitte hilf mir???

LEA, 13

Liebe Lea,
weißt Du, was mir in der Seele wehtut? Das ist Dein Ausdruck
»fett«! Das klingt mega negativ. Schade, dass Du Dich selber so
abwertest. Noch dazu, weil Du im Verhältnis zu Deiner Größe
mit Deinen 45 Kilo eher untergewichtig bist. Das heißt, Du hast
eine total falsche Brille auf der Nase, wenn es um Deinen Körper
geht. Das kann der Einstieg in eine Essstörung sein. Darum
sage ich Dir: stopp! Konzentriere Dich auf Wichtigeres. Fun zu
haben mit Deinen Freundinnen, zum Beispiel.

Ich will eine natürliche Diät machen!

Ich habe nur noch 18 Tage Ferien und ich möchte unbedingt 10 bis 15 Kilo abnehmen. Ich möchte eine natürliche Diät machen, ohne irgendwelche Tabletten oder sonstige künstliche Stoffe. Kannst Du mir helfen?

DINI, 15

Liebe Dini,

nein, ich kann und will Dir nicht helfen. Es gibt keine natürliche Diät, eine Diät ist immer unnatürlich und meist der Einstieg in eine massive Essstörung. Und Du bist schwer in Gefahr! Sorry, wenn ich Dir das so ernst sage. Wer in 18 Tagen 15 Kilo abnehmen möchte, ist einfach irre – das ist total unrealistisch! Du solltest in diesen 18 Tagen Ferien alles tun, um nicht an Deine Figur denken zu müssen. Hab Spaß mit Freundinnen, geht Eis essen, schwimmen, flirte mit süßen Jungs! Fühl Dich lebendig!

Bin ich magersüchtig?

Ich habe große Angst, dass ich magersüchtig bin,
da meine Freundinnen oft zu mir sagen, ich sähe
aus wie ein Knochengerüst. Ich weiß einfach
nicht mehr weiter, denn das Essen macht mir
keinen Spaß mehr. Bitte hilf mir!

MAXI, 13

Liebe Maxi,
weißt Du, Magersucht hat nichts mit Gewicht zu tun. Vielleicht
bist Du ein wenig zu dünn, aber ich nehme an, dass Du von
Natur aus ein eher zierliches Mädchen bist. Magersucht ist eine
Krankheit, bei der ein Mädchen wirklich aufhört zu essen und
Nahrung verweigert, weil sie sich zu dick fühlt. Wenn Dir Essen
keinen Spaß macht, so ist das sicher ein Grund zur Sorge, aber
noch kein Zeichen für Magersucht. Sitzt Ihr denn als Familie
einmal am Tag am Tisch und tauscht Euch beim Essen übers
Tagesgeschehen aus? Kocht Dir Deine Mutter oder Dein Vater
manchmal Dein Lieblingsgericht? Was könnte Dich wieder
antörnen zu essen? Deine Freundinnen sollen aufhören Dich
Knochengerüst zu nennen. Lass Dich nicht verunsichern, sondern iss, wenn Du hungrig bist, und hör auf, wenn Du Dich satt
fühlst.

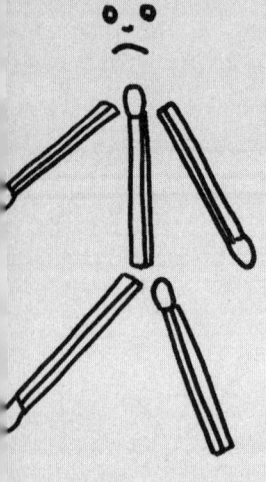

Unsere Freundin ist klapperdürr

Alles deutet darauf hin, dass meine Freundin magersüchtig ist. Sie ist klapperdürr und essen tut sie auch nicht wirklich was, und sie kapselt sich immer mehr von uns ab. Momentan hat sie auch zu Hause einige Probleme. Meine Freundinnen und ich machen uns extreme Sorgen. Aber was können wir tun? Sollen wir sie direkt darauf ansprechen? Wenn ja, was sollen wir sagen? Danke.

INA, 14

Liebe Ina,
ich finde es toll, dass Ihr Euch Sorgen um Eure Freundin macht! Wobei es einfach zu weit geht, ihr gleich Magersucht zu unterstellen. Das ist Eure Diagnose und ich bitte Euch, vorsichtig damit zu sein. Wahrscheinlich spürt Eure Freundin, dass Ihr sie genau beobachtet, und zieht sich deshalb zurück. Knüpft doch da an, was Eure Freundschaft bisher ausgemacht hat. Was habt Ihr immer gern miteinander gemacht? Wobei hattet Ihr Fun und konntet lachen? Das könnt Ihr jetzt für sie tun. Wenn sie Probleme zu Hause hat, so könnt Ihr sagen: »Wenn du reden möchtest, hören wir gern zu!« Gebt Ihr das Gefühl, dass sie eine von Euch ist und dass sie zu Euch gehört.

Meine Freundin hat Bulimie

Ich glaube, meine beste Freundin hat Bulimie. Ich hab
schon häufig beobachtet, dass sie nach dem Essen
immer gleich auf die Toilette rennt. Dabei wiegt sie
bloß 34 Kilo und ist 1,50 m groß. Trotzdem erzählt sie
pausenlos, dass sie noch vier oder fünf Kilo abspecken
will. Ich sage ihr immer, sie spinnt, doch sie glaubt's
nicht! Außerdem sitzt sie immer im Abseits. Ich hab
wirklich Angst um sie, aber was kann ich tun?

FANNY, 12

Liebe Fanny,
was Du schreibst, klingt tatsächlich nicht gut. Ob Deine Freundin
Bulimie hat, sich also nach jeder Mahlzeit den Finger in den
Hals steckt und sich erbricht, weiß ich nicht. Sie hat eine Ess-
störung. Du reagierst darauf ganz gesund und zeigst ihr einen
Vogel. Das ist super, reicht aber noch nicht. Womit Du Deiner
Freundin helfen kannst, ist Deine eigene Lebendigkeit! Sag
ihr offen: »Ich hab null Bock, mit dir Nabelschau zu machen.
Lass uns Schlitten fahren, wenn's schneit, zum Eislaufen gehen,
Jungs veräppeln.« Wenn Du weiter das Thema Gewicht und
Essen immer wieder mit Deiner Freundin durchkaust, sitzt Du
bald gemeinsam mit Ihr im Abseits. Freundschaft ist kein Helfer-
dasein! Deine Freundin braucht Hilfe, und zwar von Fachleuten.
Sprich mit einer Vertrauenslehrerin, damit die Eltern und
eventuell eine Schulpsychologin eingeschaltet werden.

Selbstbewusst sein!

Nachdem du dieses umfangreiche Kapitel über deinen
Body gelesen hast, beginnst du dich bestimmt mit
Busen, Beinen, Bauch und Po ein wenig mehr anzu-
freunden, oder? Damit dein neues Körperbewusstsein
einen kräftigen Push bekommt und du selbstbewusst
durchs Leben gehst, gibt es hier ein paar Tipps, was
du tun und was du vermeiden solltest ...

DOs

- ♥ Sich selber loben! »Selbstlob stinkt« umwandeln in: »Selbstlob stimmt!«

- ♥ Einmal am Tag vor den Spiegel setzen, sich in die Augen schauen und sagen: »Du bist ein toller Mensch, ich mag dich!« Wem so viel Lob schwerfällt, kann seinem Spiegelbild einfach was Nettes sagen, wie zum Beispiel: »Du hast schöne Augen und einen schönen Mund!«

- ♥ Gedankenspielchen machen: Sich in der Fantasie vorstellen, man würde sich selber auf einer Fete kennenlernen und sich offen und neugierig ausfragen.

- ♥ Kampfsportarten wie Judo oder Teakwondo stärken das Selbstbewusstsein.

- ♥ Keine Macht den Kritikern! Kritik tut weh und nagt am Selbstbewusstsein. Mach dir klar, dass Kritik von anderen nur deren ganz persönliche Meinung ist. Manchmal stecken auch Neid und eigene Unsicherheiten hinter einem blöden Spruch.

DON'Ts

♥ Konzentriere dich nicht auf deine vermeintlichen Schwächen. Negative Gedanken wie: »Ich mach doch immer alles falsch! Bin ich blöd!« sind verboten. Mädchen neigen zu Selbstzweifeln. Besser ist es, sich zu sagen: »Na ja, das ist heute nicht mein Tag, macht nix. Neuer Tag, neues Glück!«

♥ Lass dich nicht respektlos behandeln! Andere dürfen nicht mies mit dir umspringen, das darfst du dir auf keinen Fall gefallen lassen.

♥ Mach dich nicht über andere lustig. Angenehmer fürs eigene Selbstbewusstsein ist es zu denken: »Ich bin okay – du bist okay!«

♥ Bezieh nicht alles auf dich. Wenn zwei im Flur tuscheln, muss es nicht über dich sein. Man ist für andere weniger wichtig, als man selber oft glaubt.

Periode

In Sri Lanka wird die erste Periode groß mit
Geschenken gefeiert, ein Wahrsager sagt dem
Mädchen die Zukunft voraus. Bei uns haben fast alle
Mädchen große Probleme mit ihren Tagen.

SOPHIE, 15 Noch keine Tage: normal?
Ja! 14½ Jahre sind Mädchen im Durchschnitt alt, wenn sie ihre Tage bekommen. Manche sind jünger, manche älter. Grund: Die Periode wird von Hormonen gesteuert und jedes Mädchen hat sein eigenes Entwicklungstempo.

JANA, 12 Muss ich Angst vor der Periode haben? Ich weiß gar nicht, was da passiert.
Nein! Du brauchst keine Angst zu haben, die Periode ist keine Krankheit. Jeden Monat wandert eine reife Eizelle aus dem Eierstock über den Eileiter in die Gebärmutter, die ein Nest vorbereitet hat, um die befruchtete Eizelle aufzunehmen. Wenn das Ei nicht befruchtet wird, zerfällt dieses Nest und wird zusammen mit Blut durch die Scheide abgestoßen. Diesen Vorgang nennt man Periode oder Menstruation.

ELLEN, 13 Ist es normal, dass die Tage so unregelmäßig kommen?
Ja. Ein regelmäßiger Zyklus von 28 Tagen ist anfangs ganz selten, denn der Hormonhaushalt muss sich erst einpendeln.

ANTJE, 16 Ich habe rasant abgenommen, bleiben deshalb die Tage aus?
Ja! Übertriebene Diäten und starker Gewichtsverlust führen dazu, dass die Tage ausbleiben. Extremer Leistungssport, Kummer, Stress und Reisen können die Tage auch durcheinanderwirbeln.

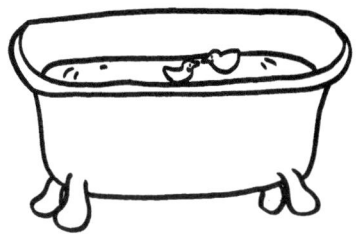

YASEMIN, 12 Bräunlicher Ausfluss im Slip:
Sind das die Tage?
Ja. Die Tage kündigen sich mit roten Flecken im Slip oder
bräunlichem Ausfluss an.

KATA, 13 Gibt es Vorzeichen, dass die Tage bald
kommen?
Ja. Spannend wird's, zwei, drei Jahre nachdem die Brust
angefangen hat zu wachsen. Wenn Schamhaare sprießen und
du mehrere Zentimeter zulegst, ist die erste Periode (Menarche)
nicht mehr weit.

BILLE, 12 Braucht man eigentlich einen
Menstruationskalender?
Ja. So behältst du den Überblick. Trag den ersten Tag der
Periode ein. Drei Jahre und länger kann es dauern, bis sich
ein Perioden-Rhythmus eingependelt hat.

BEA, 13 Ist baden während der Tage erlaubt?
Ja! Duschen, baden, Schwimmen gehen – alles ist erlaubt. Auch
zwischen den Schamlippen gründlich mit Wasser waschen. Seife
nur für die äußere Haut und Schamhaare verwenden.

EVA, 14 Zwei Jahre Weißfluss und noch keine Tage!
Bin ich krank?
Nein! Keine Sorge, dieser milchig-weiße Ausfluss kann Monate, aber auch ein, zwei Jahre vor der Periode auftreten.

SELINA, 14 Ich will mich endlich als Frau fühlen! Kann man die Periode mit bestimmter Nahrung beschleunigen?
Nein. Kein Mittel zaubert die Periode herbei. Wann du sie bekommst, wird schon bei deiner Geburt bestimmt, es liegt in deinen Genen.

JASMIN, 14 Ich mache oft Solosex.
Verzögert das die Tage?
Nein! Du schenkst dir tolle Gefühle, aber sexuelle Erregung beeinflusst nicht die Arbeit deiner Hormone!

CELIA, 16 Meine Periode bleibt aus.
Kann ich schwanger sein, obwohl ich noch nie Sex hatte?
Nein. Keine Schwangerschaft ohne Sex. Die Periode kann grundlos ausbleiben. Nur jedes 3. Mädchen bekommt die Tage halbwegs regelmäßig.

MIRI, 14 Wieso blute ich so stark an den Tagen
und meine Freundin kaum?
Tage verlaufen immer anders. Tröste dich! Nach der Pubertät wird die Blutung meist weniger.

DENISE, 14 Ich bin vor den Tagen immer unausstehlich! Ist das normal?

Ja! PMS, »prämenstruelles Syndrom«, heißt die große Traurigkeit vor den Tagen. Grund ist das Hormontief vor der Periode.

NORA, 15 Ich bin nach meinen Tagen total aggressiv. Muss ich zum Frauenarzt?

Nein. Hormonschwankungen können vor und nach der Periode zu Nervosität und Spannungen führen.

VRENI, 15 Kann ich meine Periode mit natürlichen Mitteln verschieben?

Nein! Hormone kann man nicht beeinflussen. Die Tage kannst du nur mit Hilfe der Pille verschieben.

WERA, 14 Sport während der Tage: Geht das?

Ja! Wenn's im Bauch zieht, hilft Bewegung. Auf den Rücken legen, ein Bein anziehen, Knie mit beiden Armen umfassen und zum Bauch ziehen. Kopf anheben und sieben Mal tief in den Bauch atmen, dann Bein wechseln.

BABS, 14 Soll man anfangs lieber Binden und keine Tampons verwenden?

Nein. Tampons kannst du auch schon bei deiner ersten Periode benutzen. Probier einfach beides aus!

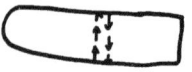

LAILA, 15 Während der Tage bin ich besonders scharf auf
Sex. Ist das normal?
Ja! Die Hormonschwankungen machen manchen Mädchen
besondere Lust auf Sex.

IMKE, 16 Oralverkehr während der Tage – geht das?
Ja. Mit einem Tampon, der das Periodenblut im Körperinneren
aufnimmt. Der Kitzler kann liebkost werden.

OLIVIA, 14 Acht Tage Blutung:
Das ist doch viel zu lang, oder?
Nein! Sechs bis acht Tage dauert die Periode im Durchschnitt.
Du verlierst dabei rund 60 Milliliter Blut, das ist etwa eine halbe
Tasse voll.

TINKA, 14 Meine Mutter meint, ich muss zum Frauenarzt, wenn ich die Tage bekomme. Stimmt das?
Nein. Zum Frauenarzt solltest du dann gehen, wenn die Periode
mit 16 immer noch nicht da ist oder sie über ein halbes Jahr
ausbleibt.

NAOMI, 16 Ich nehme die Pille.
Muss ich trotzdem während der Tage verhüten?
Ja. Aus hygienischen Gründen. Bakterien, die sich unter der
Penisvorhaut verbergen, können leichter in die Gebärmutter
eindringen.

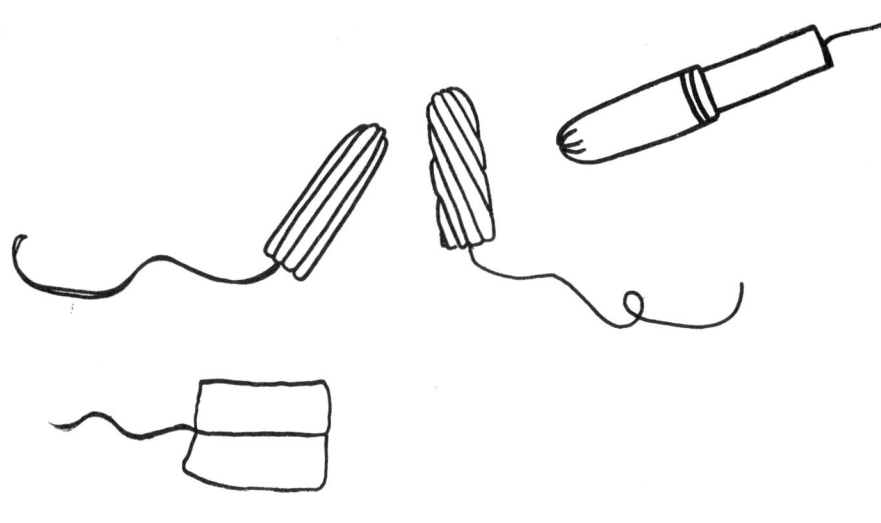

Alles über Tampons

Du kennst vielleicht die verflixte Situation: Du willst
dir einen Tampon einführen, aber es geht nicht!
Oder du hast Schmerzen beim Tragen? Ganz schön
vertrackt, die Sache mit dem Tampon. Kein Stress!
Das Einführen eines Tampons ist wie Radfahren:
Man fällt oft auf seinen süßen Po, aber irgendwann
gelingt es einem und man verlernt es auch nicht
mehr. Damit das Lernen leichter geht, gibt's hier
praktische Tipps und Antworten auf deine Tampon-
Fragen.

KIM, 13 Warum krieg ich den Tampon nicht rein?
Der kleine Widerstand, den man beim Einführen eines Tampons spürt, ist wichtig. Das sind die Beckenbodenmuskeln, die auch dafür sorgen, dass der Tampon nicht einfach wieder aus der Scheide herausrutschen kann. Um den Tampon einzuführen, musst du ihn schräg nach hinten und oben in die Scheide hineinschieben. Probier vorsichtig aus, wie und in welche Richtung sich der Tampon bei dir am leichtesten einführen lässt. Dafür kannst du dich zum Beispiel auch hinhocken oder ein Bein hochstellen.

BABS, 12 Warum tut's weh beim Laufen?
Wenn du den Tampon spürst, sitzt er nicht richtig. Du musst ihn möglichst weit nach hinten schieben, dann sitzt er im mittleren Teil der Scheide, dort gibt's keine Nerven, und Muskeln halten ihn an der richtigen Stelle.

JANA, 13 Warum ziept's beim Herausziehen?
Den Tampon am Rückholbändchen nicht senkrecht nach unten, sondern schräg nach vorn herausziehen. Und er muss mit Blut vollgesogen sein. Ist er noch zu trocken, kann's wehtun.

ISI, 14 Kann man sich mit Tampons entjungfern?
Nein! Das Jungfernhäutchen ist weich und nachgiebig. Es hat außerdem eine natürliche Öffnung, die so weit ist, dass der Tampon das Häutchen nicht verletzt. Schon bei der ersten Regel kannst du einen Mini-Tampon benutzen.

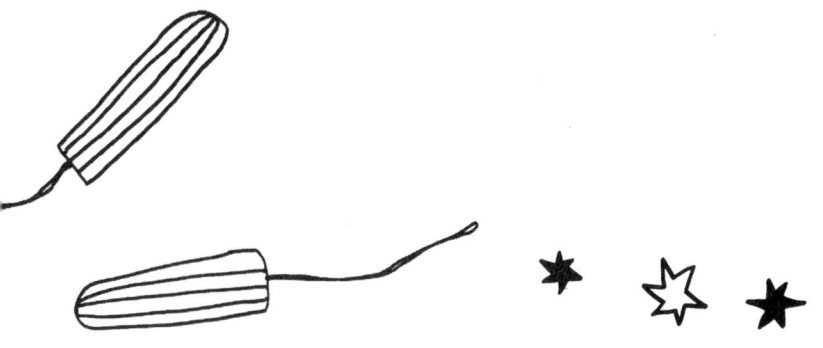

LENA, 14 Kann man mit einem Tampon verhüten?
Nein, ein Tampon ist kein Verhütungsmittel! Abgesehen davon,
dass Penis und Tampon zusammen schwer in der Scheide
Platz haben, können die Samenzellen um den Tampon herum-
schwimmen und so in die Eileiter gelangen.

KARLA, 13 Kann ich mit einem Tampon schwimmen
gehen?
Ja, das ist ohne Probleme möglich! Nach dem Schwimmen ist
dann ein Tampon-Wechsel angesagt. Durch die Bewegung im
Wasser kann er sich schneller vollsaugen.

TINE, 13 Tampons gegen Ausfluss schon vor der ersten
Regel?
Ausfluss wird durch eine Slipeinlage aufgefangen. Tampons
sollen Menstruationsblut aufsaugen, nicht die Flüssigkeit in der
Scheide. Sie wird sonst zu trocken und kann sich entzünden.

ANNE, 14 Wann weiß ich, ob ein Tampon voll ist?
Bemerkst du nach dem Herausziehen noch trockene, weiße
Stellen an der Tampon-Oberfläche? Dann hättest du ihn länger
tragen können. Bei schwächeren Blutungen einfach eine
Tampongröße kleiner mit weniger Saugkraft benutzen.

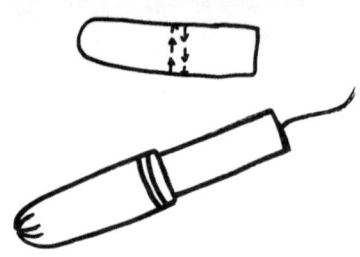

LARA, 13 Wie oft muss ich den Tampon wechseln?
Bei stärkerer Blutung ist es ratsam, den Tampon nach 3 bis 6
Stunden zu wechseln. Tampons für stärkere Tage: zum Beispiel
die Marke o.b. in den Größen Normal, Super, Super Plus. Für
schwächere Blutungen reicht ein kleinerer Tampon, den du 6
bis 8 Stunden tragen kannst (von o.b. ProComfort Mini, Pro-
Comfort Leichte Tage). Kleiner Tipp: Vorsichtig am Rückholbändchen ziehen. Gibt der Tampon nach, ist es Zeit zu wechseln. Tut er's nicht, kannst du ihn noch drinlassen.

PAULA, 12 Kann sich ein Tampon auflösen?
Nein! So ein Tampon besteht aus einem fest gewickelten und
gepressten Wattestreifen, der von einem hauchdünnen Vlies
umhüllt ist. Dadurch bleibt er immer kompakt.

HANNA, 14 Wozu gibt's Tampons mit Applikator?
Manche Mädchen haben Scheu davor, sich anzufassen und ihren
Finger in die Scheide einzuführen. Mit Hilfe des Applikators,
einer Einführhülse, kann man den Tampon an die richtige Stelle
in die Scheide hineinschieben.

KARIN, 13 Hilfe! Was tun, wenn ich den Tampon in mir
vergessen hab?
Wenn der Tampon sich richtig vollgesogen hat, kommt er durch
Pressen in der Hocke (wie beim Stuhlgang) leicht nach unten,
du kannst ihn mit zwei Fingern fassen und herausziehen. Solltest
du ihn tatsächlich nicht mehr entfernen können, musst du zum
Frauenarzt gehen.

SEX MIT DIR SELBST

Solosex: kein Tabu

Vielleicht hast du zufällig herausgefunden, wie du
dir selber tolle Lustgefühle schenken kannst. Oder
du hast schon mal in der Zeitschrift MÄDCHEN
über Solosex gelesen. Vielleicht hat dir aber auch
eine Freundin von irren Gefühlen beim Streicheln
vorgeschwärmt. Oder du bist noch ahnungslos und
traust dich nicht so recht, deine Lust zu entdecken.
Selbstbefriedigung ist ein Thema, das alle Mädchen
beschäftigt, aber auch für diejenigen, die es schon
tun, immer noch voller Fragen und Geheimnisse ist.
Niemand spricht gern offen darüber, wie er Solosex
erlebt. Nicht, weil alle so verklemmt wären. Nein,
sondern weil Selbstbefriedigung die erste wirklich
tiefe sexuelle Erfahrung ist, mit der man die geschützte
Kindheit verlässt. Leise Schuldgefühle sind dabei
normal. Außerdem braucht es Geduld und viel Übung,
um herauszufinden, was beim Solosex erregend ist.
Denn jedes Mädchen hat eigene Vorlieben.

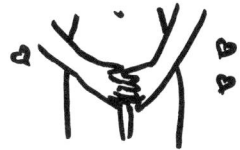

Mädchen erzählen, wie sie Solosex erleben

LILLY, 13 Der Wasserstrahl meiner Dusche trifft genau meinen Kitzler, bis ich zum Orgasmus komme.

KIKI, 14 Ich schiebe mir ein Kissen zwischen die Beine und bewege mich in einem bestimmten Rhythmus auf und ab.

UTE, 13 Ich streichle die Umgebung meiner Scheide so lange, bis ich feucht werde. Dann führe ich meist den Mittelfinger ein.

JASMIN, 13 Alle haben immer von den tollen Gefühlen beim Solosex geschwärmt, nur ich hatte null Ahnung. Nachfragen fand ich doof, also bin ich selber auf den Erotiktripp gegangen. Ich hab mich auf den Fußboden gehockt, einen Spiegel zwischen meine Beine gehalten und mir meine Scheide angeschaut. Ein bisschen komisch hab ich mich schon gefühlt, als ich die kleinen Schamlippen mit dem Zeigefinger geteilt hab. Oben, wo sie zusammengewachsen sind, hab ich den Kitzler gesehen. Fühlt sich wie eine kleine Perle an, dachte ich, als ich ihn vorsichtig berührte. Ich wollte gar nicht mehr aufhören mit Streicheln, weil's so aufregend war und irre gekribbelt hat. Plötzlich war meine Scheide ganz feucht und ich hab meinen Finger ein wenig hineingeschoben. Es fühlte sich warm und schön an.

KARA, 15 Es ist eine gute Sache, mich selbst zu befriedigen, weil es einfach schön ist, dass ich mir selber so viel Zärtlichkeit schenken kann. Ob ich dabei einen Höhepunkt erlebe oder nicht, ist mir völlig egal.

ELENA, 15 Ich genieße Solosex und tu es mindestens fünfmal in der Woche. Am liebsten im Bett vorm Einschlafen, das entspannt mich total. Erst streichle ich mich durchs Nachthemd, und wenn mein Körper dann reagiert und die Scheide feucht wird, tasten sich meine Hände zum Kitzler, den ich mit kreisenden Bewegungen reibe – bis zum Höhepunkt.

BIANCA, 14 »Zweitklassiges Vergnügen«, hab ich immer gedacht, wenn meine Freundinnen von tollen Gefühlen beim Solo-Sex erzählt haben. Bis ich es selber mal erlebt habe. Ich hab so ein Massagegerät fürs Gesicht an meine Scheide gehalten und bin fast explodiert vor Lust.

NORA, 14 Seit mein Freund mal eher zufällig meinen Kitzler gestreichelt hat, hab ich angefangen, es selber auch zu tun. Ich benutze meine Hände und meine Fantasie und hab schon alle nur denkbaren Stellungen und Bewegungen ausprobiert. Seitdem ich das mache, fühle ich mich auch beim Petting mit meinem Freund sicherer.

Wie sich Mädchen selbst befriedigen

73 %
streicheln den Kitzler mit der Hand
und liegen dabei auf dem Rücken

5,5 %
liegen dabei auf dem Bauch

4 %
drücken und reiben den Kitzler oder die
Scheidengegend an einem weichen Gegenstand

3 %
pressen die Oberschenkel rhythmisch zusammen

2 %
massieren Kitzler und Scheidenzone mit dem Wasserstrahl

1,5 %
führen Gegenstände in die Scheide ein

11 %
tun es auf mehrere der genannten Arten

Warum sich ein Bodycheck lohnt

Die Intimregion sieht bei jedem Mädchen anders aus, die Unterschiede können beträchtlich sein. Anders als bei Jungs, die ja ihren Penis immer sehen können, sind die weiblichen Genitalien nicht ohne weiteres sichtbar. Hilfreich beim Bodycheck ist ein kleiner Handspiegel. Öffnet man die äußeren Schamlippen, werden die inneren, die kleinen Schamlippen freigelegt. Bei sexueller Erregung füllen sich die Lippen mit Blut – genauso wie der Penis –, werden größer und röter. Vielleicht ist das Jungfernhäutchen zu entdecken, das den Scheideneingang umsäumt. Wenn nicht, keine Sorge, dann liegt es einfach ein wenig zu tief, um gut sichtbar zu sein. Zwischen den Schamlippen ist eine kleine Öffnung, der Scheideneingang. Unmittelbar über der Scheidenöffnung ist ein winziges Loch – die Harnröhre. Die Klitoris, das absolute Lustorgan überhaupt, befindet sich an der Spitze der kleinen Schamlippen. Sie sieht wie eine kleine Erbse aus, die von einem Schutzhäubchen bedeckt ist. Das Stück, das herausragt, ist nur ein Teil von einem viel größeren Organ, das sich nach innen fortsetzt. Die ganze Klitoris ist etwa zehn Zentimeter lang. Wird die Spitze mit den Fingern oder einem Gegenstand stimuliert, füllt sich das Organ mit Blut und wird fest und empfindlich.

Wie alt Mädchen waren, als sie sich zum ersten Mal selbst befriedigten

26,2 % waren 10 Jahre alt und jünger

23,8 % waren 11 Jahre alt

29,2 % waren 12 Jahre alt

12,3 % haben mit 13 Jahren angefangen

3,8 % waren 14 Jahre alt

3,1 % haben mit 15 Jahren Solosex entdeckt

1,5 % mit 16 Jahren

5,1 % haben sich noch nie selbst befriedigt

Wie oft Mädchen sich selbst befriedigen

46,8 % sagen, eher seltener

22,6 % tun's öfter in der Woche

12,9 % sagen, einmal pro Woche

9,6 % machen's öfter am Tag

8,1 % tun's täglich

Ängste und Enttäuschungen bei der Selbstbefriedigung

PAMELA, 13 Ich hab ein paar Mal probiert meinen Kitzler zu streicheln, schnell, langsam, fester – und hab zwar schon eine irre Spannung gespürt, aber besonders toll fand ich's jetzt nicht.

LEA, 13 Meine beste Freundin hat Hausarrest, weil die Mutter sie bei der Selbstbefriedigung überrascht hat.

TANJA, 13 Meine Freundinnen befriedigen sich alle seit Jahren selber und finden das alle total cool. Ich hab's jetzt auch probiert, aber mir gibt das überhaupt nichts. Ich bin total verunsichert!

KATI, 12 Wenn ich im Fernsehen Liebesszenen sehe, stell ich mir vor, wie es ist, mit einem Jungen zu schlafen, und streichle mich dabei selber. Meine Freundin meint, ich wäre total frühreif! Ist das wahr?

Es ist deine Entscheidung, in welchem Alter du deine sexuelle Lust entdeckst. Es gibt kein Alterslimit. Du entscheidest, wie oft du es tun möchtest. Und wenn du erst einmal keine Lust auf Solosex hast, so ist das völlig in Ordnung. Schade wäre es nur, wenn du dich aus Angst zurückhalten würdest. Aus der Traumforschung ist bekannt, dass 98 % aller Jugendlichen sich vor dem Einschlafen intensiv mit sexuellen Fantasien beschäftigen. Auch das ist so etwas wie Selbstbefriedigung, indem man sich gedanklich schöne Gefühle verschafft. Ob in Gedanken oder in der Tat: Selbstbefriedigung hat keine negativen Folgen. Zur Sucht wird Selbstbefriedigung erst dann, wenn du dich von Freundinnen und Aktivitäten in dich selbst zurückziehst.

So erleben Mädchen den Höhepunkt

BABSI, 15 Ich streichle meinen Kitzler, und wenn ich spüre, dass ich kurz vorm Höhepunkt bin, nehme ich die Hand weg, streichle meinen Körper, meinen Busen und warte, bis ich mich ein bisschen abgeregt habe. Dann beginne ich wieder von neuem, den Kitzler zu streicheln. Manchmal wiederhole ich dieses Spiel bis zu dreimal hintereinander. Wenn ich dann einen Orgasmus habe, wird mein Körper richtig von Krämpfen geschüttelt und ich muss laut stöhnen.

VERA, 16 Den tollsten Orgasmus krieg ich, wenn ich meinen Kitzler mit ein wenig Körperöl einreibe und ihn streichle. Kommt der Orgasmus, hör ich mit dem Streicheln auf und führe den Finger in die Scheide ein und spüre deutlich, wenn sich dann die Muskeln im Unterleib rhythmisch zusammenziehen.

DINA, 15 Während ich in der Wanne sitze, mache ich die Augen zu und streichle meinen Busen, massiere sanft die Brustwarzen und denke dabei an meinen Freund, seine süßen Grübchen, wenn er lacht, seinen Mund, seine Hände. Das bringt mich voll auf Touren. Und wenn ich dann aus dem Wasser auftauche und mit dem Duschstrahl meinen Kitzler massiere, schwebe ich auf Wolken.

Wie man beim Solosex zum Höhepunkt kommt

♥ Das Geheimnis der sexuellen Lust steckt in den Fingerspitzen: Erforsche die äußeren und inneren Schamlippen mit den Fingern. Reibe, streichle, drücke oder klopfe deinen Kitzler und finde heraus, was lustvoll für dich ist.

♥ Konzentriere die Bewegungen auf die Klitoris und die Umgebung drum herum. Streichle sie sanft, wenn sie noch von der kleinen Haube bedeckt ist. Nimmt die Erregung zu, zieht sich das Häubchen von selber zurück. Beim direkten Streicheln des Kitzlers steigert sich die Lust. Probiere feste und sanfte Bewegungen aus und gehe mit den Händen nach vorne und wieder zurück.

♥ Wenn die lustvollen Empfindungen zunehmen und sich um die Klitoris herum konzentrieren, einfach weitermachen. Du wirst es merken, wenn du zum Orgasmus kommst. Eine innere Woge der Lust wird dich überrollen, wellenartige Zuckungen werden durch die Vagina gehen, vielleicht ziehen sich die Scheidenmuskeln zusammen.

♥ Unmittelbar nach dem Orgasmus ist eine direkte Berührung des Kitzlers oft schmerzhaft.

♥ Hinauszögern kann man den Orgasmus, wenn man ein paar Sekunden vor dem Lustgefühl mit den Zärtlichkeiten aufhört – und dann von neuem beginnt.

♥ Gleitcreme an den Händen bringt total neue Streichelgefühle!

♥ Um zum Orgasmus zu gelangen, spreizen manche Mädchen die Beine, andere pressen sie fest zusammen. Manche ziehen die Knie an, andere haben die Beine in der Luft.

Die Sache mit dem Höhepunkt

Jedes fünfte Mädchen hat beim Solosex noch keinen Höhepunkt erlebt und jede Vierte genießt dieses Glücksgefühl nur manchmal.

Kommen Mädchen beim Solosex zum Höhepunkt?

53,1 %
Ja, immer

26,6 %
Ja, manchmal

20,3 %
Nein

Woran Mädchen bei der Selbstbefriedigung denken

60,7 %
an ein schönes Erlebnis mit dem Freund

17,9 %
an den Traumtyp/Star

11,0 %
dass jemand stören könnte

10,4 %
gequält zu werden

Warum die Fantasie so wichtig ist

Lust ist auch eine Kopfsache. Schließlich steuert das Hirn deine Hormonproduktion. Der Wunsch, dich selbst zu befriedigen, entsteht nicht, weil dein Körper sexuelle Spannungen aufbaut, sondern durch erotische Gedanken. Egal wovon du träumst, in der Fantasie bist du der Regisseur deines erotischen Films. Du kannst also deinen Wunsch nach (Solo-) Sex steuern und ankurbeln, wie du auch im Kapitel »Sexy Kopfkino« nachlesen kannst.

Mädchen-Fantasien

VIVI, 13 Vor dem Einschlafen lächle ich ihm zu. Er hängt als Riesenposter über meinem Bett: Justin Bieber. Er strahlt zurück, kuschelt sich neben mich unter die Decke. Ich spüre Hände – seine oder meine? Ich seufze glücklich.

Ein Star, ein unerreichbarer Traumboy als Objekt für erregende Fantasien? Das ist okay. Was du in deiner Fantasie erlebst, hat unschätzbaren Wert, auch für die Wirklichkeit. Du kannst nämlich versuchen, einen kleinen Teil deiner heißen Gedanken mit einem Jungen aus Fleisch und Blut zu erleben. Was du dabei lernen kannst, ist die Tatsache, dass Realität aufregender sein kann als jede Fantasievorstellung.

RENI, 14 Ich kann mein Zimmer nicht abschließen und meine jüngere Schwester stürzt meist ohne Vorwarnung herein. War das peinlich, als sie mich das letzte Mal gefragt hat, was ich denn da für komische Bewegungen mache ... Die Vorstellung, dass jemand stören könnte, ist absolut lusthemmend. Denn erfüllte Sexualität hat auch damit zu tun, dass du dich fallen lassen kannst. Darum ist ein ungestörter Platz für die Entfaltung deiner Lust total wichtig.

JESSY, 15 Ich stelle mir vor, wie ich auf dem Rücken liege, nackt, mit gespreizten Beinen und den Händen an ein Bett gefesselt. Ein junger Typ mit muskulösem Body streichelt mich und zeigt mir verschiedene Gegenstände, die er gleich in meine Scheide einführen wird. Dann verbindet er mir die Augen.

Warum so viele Mädchen davon träumen, gequält zu werden? Es hat nichts damit zu tun, dass Frauen und Mädchen angeblich Vergewaltigungsfantasien haben. Es bedeutet auch nicht, dass Mädchen mit diesen Fantasien ihre Schuldgefühle ausleben. Es hat damit zu tun, dass Sexualität und Aggression unsere vitalsten Gefühle überhaupt sind. Manche leben in Träumen und Fantasien ihre Aggressionen aus. Das heißt aber nicht, dass Mädchen, die das tun, auch in der Realität aggressiven Sex erleben möchten!

7 Gründe, warum Solosex wichtig ist

♥ Wer sich selber stimulieren kann, wer seine sexuellen Fantasien kennt, wird sich später in der Sexualität leichter tun und sicherer fühlen, weil er seine Erwartungen nicht nur an den Partner knüpft.

♥ Ein Mädchen, das den eigenen Körper wenig kennt und nicht weiß, was sie sexuell antörnt, ist darauf angewiesen, was der Partner mit ihr macht.

♥ Ein Mädchen, das den eigenen Körper kennt, weiß, wie der Körper auf Berührungen reagiert.

♥ Mit dem Partner Sex erleben heißt: zu zweit den Gipfel der Lust zu stürmen. Wenn ein Mädchen schon Erfahrung im Umgang mit seinem Körper hat, kann es zusammen mit dem Freund Hochgefühle der Lust erleben.

♥ Selbstbefriedigung ist keine Notlösung, wenn man keinen Freund hat, sondern ein Extravergnügen, sich selber schöne Gefühle zu schenken.

♥ Solosex kann auch Belohnung sein und ist besser als Schokolade, weil's keine Kalorien hat.

♥ Mädchen, die schon mal mit ihrem Freund geschlafen haben, befriedigen sich auch selber. Sie wollen immer wieder die schönen Gefühle erleben.

DEINE
BESTE
FREUNDIN

„Meine beste Freundin ...

... akzeptiert mich so, wie ich bin.

... ist einfühlsam und offen für meine Probleme.

... ist verständnisvoll, lieb, lustig und für jeden Spaß zu haben.

... ist rücksichtsvoll und immer da, wenn Hilfe nötig ist.

... ist eine gute Zuhörerin.

... ist einfach nur super. Ich kann mit ihr schrecklich albern sein, ernst reden oder Jungs anbaggern – ALLES!

... ist sehr sensibel, immer für mich da und sie sieht super aus.

... ist fast immer gut drauf und ich kann ihr alles anvertrauen.

... ist lustig, verständnisvoll, verrückt, und sie ist immer da, wenn ich sie brauche.

... ist wie meine Zwillingsschwester, sie ist mein Gegenstück und steht mir immer bei, wenn andere mich ärgern.

... hat ein süßes Gesicht, ich hab sie einfach lieb.

... ist überhaupt kein Durchschnittsmensch, sie hat einen tollen Body, ist bildhübsch und ich fühl mich bei ihr total geborgen.

All diese Aussagen über die beste Freundin sind wahre Liebeserklärungen. Die beste Freundin ist Seelentröster, Vertraute und sie wird aufrichtig und von Herzen geliebt. Freundschaft ist eine Gratwanderung. In einer super Freundschaft verwischen oft die Grenzen. Da gibt's Sekunden, in denen man die Freundin wirklich sexuell begehrt, körperlich lieben möchte – und am nächsten Tag sind diese Gefühle wie ein Rausch verflogen und man ist sich rein freundschaftlich wieder total nah. Mädchen erleben gleichgeschlechtliche Sexualität als Form von Verliebtsein. Jungen dagegen erleben gleichgeschlechtliche Sexualität viel vordergründiger: Sie pinkeln um die Wette oder onanieren gemeinsam. Bestimmt kennst du auch die zärtlichen Gefühle für die Freundin. Oder träumst du von Sex mit einem anderen Mädchen? Oder hast du deine Freundin schon mal geküsst, mit ihr geschmust, habt ihr euch gegenseitig bis zum Orgasmus gestreichelt? Was immer du an sexuellen Zärtlichkeiten mit einem Mädchen erlebt hast, lesbisch bist du deshalb noch lange nicht. Denn wenn du jung bist, ist Sexualität Neuland, ein großes, unbekanntes Gebiet, auf dem du dich erst mal ausprobieren musst, und zwar in alle Richtungen. Homosexualität, so heißt die Liebe zum gleichen Geschlecht, ist nicht angeboren. Lesbisch wird man nicht durch viele sexuelle Erlebnisse mit Mädchen, auch wenn sie noch so toll und befriedigend sind. Warum jemand aufs gleiche Geschlecht abfährt, ist total unerforscht. Fakt ist: Wir werden alle sexuell geboren, das heißt, wir kommen alle mit einer natürlichen Sehnsucht nach Beziehungen auf die Welt – zu Frauen und zu Männern.

Mädchen berichten

JASMIN, 17 Mit neun hat's mich total angetörnt, wenn ich davon träumte, eine bestimmte Freundin zu küssen. Mit 12 fantasierte ich davon, mit Jungs und mit Mädchen zu knutschen. Mit 14 wollte ich Sex, egal mit wem – und hab's erst mal mit Jungs ausprobiert. Weil ich dachte, mit Mädchen ist das verboten. Jetzt bin ich 17 und schlafe mit Mädchen – und finde es einfach supertoll!

JULE, 15 Meine drei bisherigen Beziehungen zu Mädchen waren mehr zärtlich. Wir haben uns geküsst, berührt, Zärtlichkeiten ausgetauscht, unsere Körper waren eng beisammen und die Wärme brannte in mir wie ein Feuer. Ich genieße das alles sehr.

ROSY, 18 Als ich mich nach dem Sex mit meinem Freund in die zärtlichen Arme meiner Freundin gesehnt hab, da war mir klar: Ich bin lesbisch. Es scheint, dass Frauen nach dem Orgasmus mehr Energie haben. Es ist nicht automatisch vorüber, nur weil eine einen Höhepunkt hatte.

XENIA, 14 Was ist schlimm daran, wenn man als Mädchen ein anderes Mädchen liebt? Ich dachte an meine Freundin Julie und hatte so ein komisches Gefühl in der Magengegend. Ich stellte mir vor, wie wir beide Hand in Hand auf einer weiten Wiese laufen, uns dann lachend auf den Boden werfen und küssen. Dann musste ich an meinen Freund Basti denken und hatte wieder so ein komisches Gefühl im Magen. Das hat mich ganz schön verwirrt.

Lesbische Unsicherheiten?

Eine kleine Hilfe fürs Gefühlschaos

1. Du bist in deine Freundin verliebt und weißt nicht, ob sie das Gleiche für dich empfindet? Wichtig: Genieße deine Gefühle, aber behalte sie erst einmal für dich.

2. Sei nett zu ihr, aber bedränge sie nicht! Man kann seine Freundin lieben, auch ohne sie sexuell zu begehren. Also warte ab, wie sich ihre und deine Gefühle entwickeln.

3. Fall nicht gleich mit der Tür ins Haus oder überrolle sie mit einer Liebeserklärung. Warte erst einmal ab, ob es sich auch wirklich um sexuelles Begehren handelt.

4. Akzeptiere deine Liebesunsicherheiten, sie gehören zum Leben, zur Liebe mit dazu. Und sie ähneln sich, ganz egal, ob man in einen Jungen oder in ein Mädchen verliebt ist.

5. Spiel nicht gleich verrückt und drücke einem Mädchen den Stempel »Lesbe« auf, wenn du umarmt oder zärtlich angefasst wirst.

50 Stichworte

zum Thema Sex und mehr von A bis Z

ANALVERKEHR
Statt in die Scheide (Vaginalverkehr) dringt der Penis in den After ein. Hohes Ansteckungsrisiko mit AIDS, da die Verletzungsgefahr im sensiblen Analbereich sehr groß ist.

AUFPASSEN
Gefährliche Verhütungsmethode. Der Junge zieht sein Glied vor dem Samenerguss aus der Scheide, damit keine Samenflüssigkeit hineinfließen kann. Doch bereits im »Lusttropfen«, einer Flüssigkeit, die vor dem Orgasmus austritt, sind Samenzellen enthalten, die zur Schwangerschaft führen können.

BISEXUALITÄT
»Bi« kommt vom griechischen »zwei«. Bisexuell ist, wer sich sexuell sowohl zu Männern als auch zu Frauen hingezogen fühlt.

BUMSEN
Umgangssprache für miteinander schlafen. Wie auch vögeln, ficken, pudern, bürsteln.

CANDIDA
Mikroskopisch kleine Pilze, die Haut und Schleimhaut in der Scheide befallen können. Man kann sie sich durch Geschlechtsverkehr, aber auch im Schwimmbad oder in der Sauna holen.

COMING-OUT
Herauskommen, so wird der Prozess genannt, wenn ein Mädchen oder ein Junge sich darüber bewusst wird, dass sie/er sich nicht zum anderen, sondern zum eigenen Geschlecht hingezogen fühlt. Im zweiten Schritt bedeutet das die Kommunikation darüber nach außen zu Eltern, Lehrern, Freunden.

DEFLORATION
Wenn ein Mädchen zum ersten Mal mit einem Jungen schläft, wird sie defloriert, das heißt, das Jungfernhäutchen wird durchstoßen.

DILDO
Nachbildung des männlichen Gliedes aus Gummi, Kunststoff oder aus Metall. Es gibt sie auch mit einem kleinen Motor, sogenannte Vibratoren, sie werden von manchen Frauen zur Selbstbefriedigung verwendet.

EICHEL
Sexuell empfindsamster Körperteil des Jungen, weil sich auf der zarten Haut der Eichel – ähnlich wie auf der weiblichen Klitoris – die meisten Nervenenden befinden.

EKSTASE
Rauschhafter Begeisterungszustand der Sinne. In sexueller Ekstase kann die Erregung so intensiv sein, dass man nichts mehr hört und sieht und das Gefühl hat, regelrecht »abzuheben«.

EXHIBITIONISMUS
Krankhafter Drang, die eigenen Geschlechtsteile öffentlich zu entblößen.

FETISCHISMUS
Wenn ein lebloses Objekt zum Ziel sexueller Wünsche wird. Leder- oder Gummi-Fetischisten zum Beispiel kommen nur in oder beim Anblick aufreizender oder brutal wirkender Lederbekleidung oder hautenger Gummianzüge auf Touren.

FEUCHTE TRÄUME
Erotische Träume von Jungen, die nachts einen unwillkürlichen Samenerguss auslösen und einen Fleck im Laken hinterlassen.

GENE
Chemische Eiweiße, die sämtliche Erbinformationen eines Menschen in sich tragen. Wie zum Beispiel Körpergröße, Haar- und Augenfarbe, Körperbau, aber auch Intelligenz und Charakter.

GLIED
Männliches Geschlechtsorgan, das sich bei Erregung versteift und für das es in der Umgangssprache viele schöne und weniger schöne Namen gibt, zum Beispiel Schwanz, Pimmel, Phallus, Genusswurzel, Schniedelwutz, Jadehammer.

HODEN
Kleine »Fabriken«, die Hormone und Samenzellen produzieren. In der Umgangssprache ihrer Form wegen auch Eier genannt. Sie sind der schmerzempfindlichste Körperteil eines Jungen.

HOMOSEXUALITÄT
So heißt die gleichgeschlechtliche Liebe zwischen Männern oder zwischen Frauen. Männer bezeichnet man auch als Schwule, Frauen als Lesben.

IMPOTENZ
Unvermögen des Mannes, Sex bis zum Orgasmus auszuüben oder in erotischen Situationen ein steifes Glied zu bekommen. Jungen können vorübergehend impotent sein, »keinen hochkriegen«, weil sie zu aufgeregt sind oder zu große Erwartungen an Sex haben.

INZEST
So wird die sexuelle Beziehung zwischen Eltern und Kindern oder zwischen Geschwistern genannt. Inzest ist strafbar.

JUNGFERNHÄUTCHEN
Dünne Schleimhautfalte am Eingang zur Scheidenöffnung, auch Hymen genannt, von griechisch: Haut.

JUNGFRAU
Bezeichnung für ein Mädchen, das noch mit keinem Jungen geschlafen hat.

KAREZZA
Verzögerung des Orgasmus. Kurz vor dem Höhepunkt hören beide auf, sich zu bewegen, was nicht ganz einfach ist, und verharren in dieser Stellung so lange, bis sie es nicht mehr aushalten. Der Orgasmus, der dann folgt, ist äußerst intensiv.

KASTRATION
Die Keimdrüsen in den Hoden werden operativ entfernt, der Mann verliert die Lust auf Sex und kann keine Kinder mehr zeugen.

LECKEN
Erotische Zärtlichkeit und wunderschönes Spiel, den gesamten Körper des Partners liebevoll mit der Zunge zu lecken. Besonders empfindsam sind Gliedspitze, Schamlippen und die Klitoris.

LIBIDO
Verlangen des Menschen nach körperlicher Befriedigung, gleichbedeutend mit Geschlechtstrieb.

MASOCHISMUS
Sexuelle Spielart, bei der körperliche Schmerzen und Qualen einer Frau oder einem Mann sexuelle Befriedigung verschaffen.

MASTURBATION
Selbstbefriedigung, Onanie, Solo-Sex. Beim Sex mit sich selber bringt man sich mit der Hand oder anderen Hilfsmitteln zum Orgasmus.

NEUNUNDSECHZIG
Liebessstellung beim Oralverkehr, wobei der Junge die Scheide, den Kitzler liebkost und das Mädchen den Penis. Die Partner liegen wie die 6 zur 9.

NYMPHOMANIE
Mannstollheit ist ein krankhaft gesteigertes sexuelles Verlangen. Der überstarke sexuelle Trieb einer Nymphomanin kann von Männern niemals richtig befriedigt werden.

OBSZÖN
Schamlos, schlüpfrig, unanständig.

ONE-NIGHT-STAND
Einmaliger Sex ohne Liebe. Wen das schnelle Abenteuer reizt, sollte im Zeitalter von AIDS immer an Kondome denken.

PÄDOPHILIE
Gefährliche sexuelle Abartigkeit. Verlangen eines Erwachsenen, mit den Geschlechtsorganen eines Kindes zu spielen oder sich von Kindern sexuell berühren zu lassen.

PERVERSION
Sexualwissenschaftlicher Begriff in der Psychoanalyse. Beschreibt sexuelle Praktiken, die von der Norm abweichen, wie zum Beispiel Exhibitionismus, Masochismus, Sadismus.

QUICKIE
Schneller Sex, der meist an heimlichen Orten (Lift, Toilette, Umkleidekabine, Hausflur) passiert und nicht länger als viereinhalb Minuten dauern darf.

REIZWÄSCHE
Strapse, Spitzen-BHs und -höschen geben beim Sex den gewissen Kick. Ein reizvoll verhüllter Körper törnt oft mehr an als totale Nacktheit.

RUNTERHOLEN
Umgangssprachlicher Ausdruck für die Selbstbefriedigung eines Jungen. Auch wenn das Mädchen den Freund mit der Hand zum Orgasmus bringt, »holt sie ihm einen runter«.

SADISMUS
Die Lust am Quälen. Der Sadist erlebt sexuelle Lust, wenn er den Partner schlagen, foltern, quälen kann.

SODOMIE
Befriedigung des Geschlechtstriebs mit Tieren (zum Beispiel mit Hund, Esel, Schaf, Pferd).

TELEFONSEX
Das Ausleben erotischer Fantasien
mit einem unsichtbaren Partner am
Telefon. Privat, aber auch gegen
Bezahlung möglich.

TRANSSEXUELL
Menschen, die vom Denken und Fühlen
her im falschen Körper gefangen sind.
Männer wünschen sich eine Frau zu
werden, Frauen möchten sich in einen
Mann verwandeln. Eine Geschlechts-
umwandlung ist äußerst schwierig,
jedoch möglich.

WOLLUST
Die Steigerung der Lust, die absolute
körperliche Sinnesfreude. Wollust
kann man bei der Liebe, aber auch
beim Essen verspüren.

X-STELLUNG
Liebesstellung für den Jungen, um
den Samenerguss hinauszuzögern. Das
Mädchen sitzt mit gespreizten Beinen
auf den gespreizten Beinen des Jungen,
so dass er den Penis in die Scheide
einführen kann. Der Kick dabei:
sich möglichst wenig zu bewegen.

UNFRUCHTBARKEIT
Wenn Frauen kein Kind empfangen
oder Männer kein Kind zeugen können,
sind sie unfruchtbar.

UTERUS
Medizinisches Fachwort für die weibliche Gebärmutter.

YIN UND YANG
Yin (weiblich) und Yang (männ-
lich) sind nach alter chinesischer
Überlieferung Strömungen in allen
Menschen, die es gilt, in Einklang zu
bringen. Anhänger alter chinesischer
Liebeskunst glauben, dass Liebe ohne
Sex frustrierend und ungesund sei,
weil die unentbehrliche Harmonie
zwischen Yin und Yang fehle.

VAGINISMUS
Scheidenkrampf. Folge: Der Junge
kann mit seinem steifen Penis nicht in
die Scheide eindringen. (Hat
oft seelische Ursachen.)

VERFÜHRUNG
Spielerische, erotische Variante bei der
Liebe, um jemanden »rumzukriegen«.
Aber auch strafbare Handlung, wenn
ein Erwachsener über 18 mit einem
Jugendlichen unter 14 Jahren Sex hat.
Dann ist das »Verführung Minder-
jähriger«.

ZUNGENBAD
Aufregende, höchst erotische
Zärtlichkeit, bei der der ganze Körper
liebevoll und ausgiebig mit der Zunge
geleckt wird.

WICHSEN
Umgangssprachlicher Ausdruck für
Selbstbefriedigung, der meist auf Jungen angewendet wird. »Wichser« wird
auch oft als Schimpfwort verwendet.

ZUNGENKUSS
Intime Zärtlichkeit, die mit Sex ver-
glichen werden kann, wenn die Zunge
tief in die Mundhöhle des Partners
eindringt.

Wem dieses Buch gefallen hat, der kann es unter www.carlsen.de weiterempfehlen und einen Preis gewinnen!

Anhang

Adressen

www.abtreibung-web.de
www.beinggirl.de
www.bodycheck.bzga.de
www.firstlove.at
www.gib-aids-keine-chance.de
www.laralove.de
www.machsmit.de
www.planet-liebe.de
www.profamilia.de
www.rotetraenen.de
www.verhuetung-danach.de

Wenn du weitere Fragen hast, die in diesem Buch nicht beantwortet werden, kannst du Gabi eine E-Mail schreiben: fragenangabi@web.de. Jede Mail wird persönlich beantwortet. Gabi ist außerdem telefonisch erreichbar: Wöchentliche Telefonsprechstunde in der MÄDCHEN-Redaktion dienstags zwischen 15:00 und 19:00 Uhr unter der Nummer: 089-69749344.

Originalausgabe

Veröffentlicht im Carlsen Verlag

September 2011

Copyright © 2011 Carlsen Verlag GmbH, Hamburg

Alle Rechte vorbehalten

Dieses Buch entstand in Kooperation mit der Vision Media GmbH/

Redaktion MÄDCHEN, München

Lektorat: Therese Hochhuth

Umschlagbild: © Jesper Elgaard/© Aleksandra Duda/© blue67/iStockphoto.com

Autorenfoto: © Stephanie Härtwig

Gesamtgestaltung und Satz: formlabor, Ute Kleim

Corporate Design Taschenbuch: Dörte Dosse

Druck und Bindung: GGP Media GmbH, Pößneck

ISBN 978-3-551-35980-3

Printed in Germany

Bildnachweis: S. 4, 24, 78, 86, 100, 101, 106, 112, 113, 146, 147, 167 istockphoto.com/
© stockcam, S. 15 PhilPaul.com/photocase.com, S. 21 dorkau/photocase.com,
S. 26 istockphoto.com/© enviromantic, S. 30 Shuwal | Leuchtspur.at/photocase.com,
S. 42 eurytos/photocase.com, S. 44 complize/photocase.com, S. 46 luxuz::./photocase.com,
S. 52 Lullabby/photocase.com, S. 53 prokop/photocase.com, S. 57 Andreas Siegel/
photocase.com, S. 67 Nautilus/photocase.com, S. 68 yellowbird/photocase.com,
S. 69 pischare/photocase.com, S. 70 Yvonnes_photos/photocase.com, S. 77 frosch-
perspektive/photocase.com, S. 81 istockphoto.com/© diego cervo, S. 91 Allzweck-
Jack/photocase.com, S. 94 Opa114/photocase.com, S. 99 fmatte/photocase.com,
S. 108 Herzschlag/photocase.com, S. 111 Franziska Fiolka/photocase.com, S. 123
misterQM/photocase.com, S. 126 hui-buh/photocase.com, S. 135 Nautilus/
photocase.com, S. 144 s.odincov/photocase.com, S. 152 luhzia/photocase.com,
S. 162 monarchin/photocase.com, S. 168 Gerti G./photocase.com, S. 171 sir dgan/
photocase.com, S. 182 Franziska Fiolka/photocase.com, S. 185 ina`´mija/photocase.com,
S. 187 sint/photocase.com, S. 191 Pippilotta*/photocase.com, S. 200 Rike./photocase.com

Alle Bücher im Internet: www.carlsen.de

Mädchen

So wichtig wie deine beste Freundin!

Alle 14 Tage neu!

Hier ist alles drin!

Nikki Busch
Dies ist kein Poesiealbum
160 Seiten
Taschenbuch
ISBN 978-3-551-31030-9

Hast du dich schon mal gefragt, wie ein Phantombild
von dir aussehen würde? Oder dir notiert, welches der
peinlichste Moment deines Lebens war?
Leg los: Trag ein, kreuz an und liste auf – mach dieses
Buch zu DEINEM Buch! Hier kannst du Fragen
beantworten, Statements loswerden und dich
verewigen.
Poesiealbum war gestern, hier kommt ein Aktionsbuch
für kreative Köpfe!

CARLSEN
www.carlsen.de